Junge Flügel /Auf Augentiefe

BJÖRN STEIERT

JUNGE FLÜGEL
*
AUF AUGENTIEFE

Gedichte
über das Leben
und die Liebe

Doppelband

Impressum
1. Aufl. 2007
© Björn Steiert
Cover: Susanne Speidel
Kontakt: susannespeidel@yahoo.ca
Umschlaggestaltung: Jan Henrik Arnold
Kontakt: janhenrikarnold@gmx.net
Herstellung und Verlag: Books on Demand GmbH,
Norderstedt
ISBN 978-3-8334-9164-1
Bibliographische Information:
Die Deutsche Bibliothek verzeichnet diese Publikation in
der Deutschen Nationalbibliographie; detaillierte biblio-
graphische Daten sind im Internet unter kttp:/dnb.ddb.de
abrufbar.

Vorwort

Dieser Doppelband enthält eine Auswahl von zuvor teils in Zeitschriften und Anthologien wie „*S. Fischers Jahrbuch für Lyrik*" veröffentlichten, größtenteils aber noch nie publizierten Gedichten des Lörracher Autors Björn Steiert (geb. 1980), entstanden circa zwischen 1996 und 2006, darunter prämierte Beiträge wie das beim „*Herner Lyrik-Preis*" mit dem 1. Platz erfolgreiche „*Zukunftswehen*". Manche entstammen größeren zusammenhängenden Werken – wie den poetischen Reden „*Engelbraut*" und „*Anthropos*" – oder Roman- und Erzählskizzen. Andere sind als Songtexte entstanden.

Die Worte klingen herb, ein reizvoll zwischen Nüchternheit und Pathos changierender Ton wird angeschlagen, um aus einem großen Motivreichtum geschöpfte, kühne Bildfindungen vorzutragen. Steierts Lyrik berührt und verkörpert – im Sinne des Kunstverständnisses Michael Endes – Geheimnisse, ohne sie erklären zu wollen. Sie beschwört auf gleichsam magisch anmutende Weise das Ursprüngliche, Elementare herauf, berichtet von phantastischen Orten, bezieht voraussetzungslos tradierte Mythen mit ein und gewinnt ihnen neuen Sinn ab. Sie ist Ausdruck des Ringens mit sich selbst, der Welt sowie dem wie auch immer zu denkenden Höheren. Dabei gestaltet sie sich in einem freien, souveränen und mitunter auch humorvollen Spiel mit philosophischen, metaphysischen und religiösen Inhalten, ja, mit der Frage nach den Bedingungen von Dichtung und Kunst – Schöpfung – schlechthin.

Es geht in diesen Versen aber nicht um die Formulierung von bestimmten Meinungen, wie man sie auch schwerlich aus ihnen herauslesen könnte, sondern um das Gestalten von Stimmungen und Erlebnissen, die aus der Vielfalt der menschlichen Erfahrungswelt gewonnen sind, die so viele Bereiche umfasst.

Immer wieder, eingespannt (oder besser ausgespannt) zwischen Alltäglichem und Nichtalltäglichem, kehrt die

Metapher der Flügel und das Motiv des Sehnens nach Überwindung dessen, was ist. Es sind „junge Flügel", die den Dichter weiter tragen wollen, als andere zu denken wagen. Dabei tut er, nicht zuletzt in der Liebe, Blicke, die „auf Augentiefe" gehen.

Die hier versammelten, inhaltlich und stilistisch vielseitigen Texte scheinen selbst in der Demut ein unerschütterliches, vitales „Trotzdem!" zu formulieren und treffen, ohne zwanghaft zeitgemäß sein zu wollen, genau den Nerv der Zeit – und zwar jener der Jugend, deren Stimmung in einer gereiften Sprache eingefangen wird. Ja, da ist tatsächlich von „trotziger Demut" die Rede, in der sich die widersprüchlichen Haltungen Kains und Abels verbinden.

Wie das Leben uns die verschiedensten Eindrücke und Erlebnisse in unvorhergesehener, oft überraschender Weise schenkt oder zumutet, so ist auch hier keine systematische Ordnung angestrebt, sondern eine abwechslungsreiche Folge. Manche in einer bestimmten Schaffenszeit entstandene Gedichte tragen zwei Titel (die erste und die letzte Zeile) und deuten so an, dass es viele Zugänge gibt, die jeder für sich selbst entdecken mag ...

I. JUNGE FLÜGEL.
Gedichte über das Leben

Für die Jakobsringer

„Wisset Ihr nicht, dass wir
über Engel richten werden?"
Paulus an die Gemeinde der Korinther
(1 Kor. 6, 3)

Verlorene Poesie

Klingende Bilder, immerzu,
Sucht mein Gedicht
Im leeren Rahmen
Seiner Laute.

*

Junge Flügel

Mit Wachs leg ich mir an
Die zitternden Flügel
Des erlegten, noch jungen Engels,
Dem ich im Lebensschatten aufgelauert.
Mein blühendes Mitleid schneid ich ab
Und pflanz es zum Gedenken neben ihn.

Zur Sonne will ich leichter steigen
Und herrlich schon frischt der Wind
Um meine rosigen Wangen;
Wind, durchschnitten
Von zwei weißen Segeln,
Meilenweit über dem Meer.

Die ewig Tagende aber
Zuckt ängstlich zusammen,
Kaum dass sie mich entdeckt,
Schrumpft rasch je weiter fort,
Desto näher ich ihr komme;
Ich, alle überflügelnd.

Niemandem hinterherzulaufen
Lehrte der alte Vater mich,
Stattdessen stolz und hochmütig zu sein.
Nicht länger folge ich ihm,
Jage über den kälter werdenden Himmel
Allein der Fliehenden nach,
Mit trotziger Demut und
Mit jungen Flügeln.

*

Enttäuschung

Uns alle hat
Das Blau des Himmels
Betrogen.
Enttäuschend auch,
Doch wahrer
Sind unsere Seelen,
Die unsichtbar
Unter der Sonne
Keine Farben tragen.

*

Lebensgeburten

Durch immer größere
Menschenkreise hindurch –
Gebärmütter,
Gebärväter mir – ,
Bis ich
Nach und nach
Zum Vorschein komme.

*

Zukunftswehen

Gut, dass wir auf dem verwegen blitzenden Wasser
Wenigstens noch keine festen Häuser bauen –
Das Meer wäre nicht länger ein letztes Bild
Verfließender, unfertiger Freiheit.

Gut auch, dass der zur Wildheit aufrufende Wind
Sich noch nicht überall an Ecken stoßen muss,
Sondern jauchzend unter Bäume fahren
Und ungehalten bleiben darf. Aber

Keiner will mehr vom Besseren und Besten sprechen;
Und „jauchzen" ist ein altmodisches Wort.

Bald wird die Ringe zeichnende Geduld der Wälder
Mit uns erschöpft sein, so ahnen wir Aufgegebenen.
Auswandern wollen sie heimlich in die See,
Um niemals zurückzukehren.

Und bald wird des Rufenden stürmische Sehnsucht
Mal zärtlich, mal verzweifelnd, immer vergeblich
Über die Wellen streicheln und peitschen,
Deren Härte die Vermissten deckt. Aber

Jeder will jetzt schon Luftschlösser aus Beton entwerfen;
Und schwarz und gerade fällt der Schnee.

Gebrochen wird der Wind über entlaubter Erde,
Als unser unschuldiges, ungewolltes Opfer,
Seine letzte Ruhe finden und fühlen müssen,
Wie Efeu einsam an ihm emporrankt ...

Wir aber erwarten ohne Sorge die Geburt der Zukunft,
Die tot zur Welt ohne Heimat kommen wird.

*

Absolution

Gott,
Großer, gewaltiger, Du!
Wisse, wenn Du um Gnade zu flehen
Dich druckst
In schweigsames Schwarz,
Dass ich großmütiger bin.
Denn ich vergebe Dir,
Dem vielleicht gerne Allmächtigen,
Alles,
Alles,
Zuletzt sogar
Mich selbst.

*

Lichtung

Ich lichte meinen Anker
In das dunkle Meer der Nacht.

Die losgewordene Freiheit leuchtet
Mir ungeheure Unterwelten aus,

Die wohl nie ein Mensch zuvor gesehen hat.

So zieh ich dahin auf der schwimmenden Lichtung
Von eigner Hand gefällter Bäume.

Mal nenn ich sie Schiff, mal Hoffnung, denn
Dicht über der Wurzel muss man das Leben kappen.

Manchmal, um wieder hoffen zu können.

*

Jüdisches Ich

Künftig verbann ich das „Ich",
Das unerträgliche, mein
Reinrassig jüdisches Ich
Aus all meinen Gedichten,
Weil ich's nicht mehr leiden mag,
Dass es sich anbiedernd immerzu
In den Mittelpunkt stellen muss,
Tiefe heuchelnd wie die Pfütze,
Deren Schmutz den Grund
Nicht schauen lässt und selbst die Nacht
Nur stumpf zu spiegeln vortäuscht.

Doch wo nur soll es hin,
Das heimatlose, das ewig wandernde,
Mein jüdisches Ich,
Jenes überall übervorverurteilte,
Das außerhalb der Grenzen meines Gedichts
In der Welt nirgendwo gern gesehen,
Nirgendwo geduldet wird?

Verbrennen müssen werd ich es
Mitsamt meinen Gedichten,
Aus Selbsthass und Selbstmitleid –
Mein ärmstes und einziges,
Mein jüdisches Ich.

*

Nicht Weiß
Trägt mehr die Unschuld,
Sondern Schwarz
Und Rot
Und Gold.

12

So tanzt sie lachend
Auf allen Plätzen
Und freut sich ihrer;
Ich hab's selbst erlebt.

Darf sie das denn?

So fragen manche,
Mit Zungen
Zum Ankreiden
Wenigstens
Bleich genug.

*

Linder

Kühle atmet der Schnee,
Knisternd schmelzende Worte flüstern.
Die Landschaft besänftigt
Alle zugespitzten Blicke.

Verglitzert ist der Rachewunsch;
Kein tägliches Bedürfnis mehr,
Adlerleber zu verzehren.

*

Lyric-Star

Euch andre lass ich träumen
Von Euern fernen Sternen.
„Wo kommen wir her,
Wo gehen wir hin?"
So fragt Ihr auf bequemen Sesseln,
Ohne Euch merklich zu bewegen.

Ich aber befehle die Sonne
Über mein Haupt,
Dass sie mir folge,
Erhellend alle Wege,
Bis mein letzter Atem
Oder – besser noch – der Wind
Meines unsterblichen Namens
Sie verlöschen lässt.

Dann, Ihr Fraglichen, strömt nur herbei
Zu meiner Beerdigung im Dunkeln!
Nehmt wie gewohnt andächtig Platz,
Während aus schwarzen Boxen
„Champagne Supernova" schallt.

*

Gerücht

In einem Hochhaus Pjenems,
Sagt man, weisen alle Fenster
Auf das Grau in Grau
Der umliegenden Gebäude.

Aus einem Glasgeviert allein, sagt man,
Habe man Blick auf das ferne Meer
Auf der anderen Seite der Erdkugel,
Ein schimmerndes Blau in Grün.

Doch kann es wahr sein?
Wie könnte man davon wissen?
Wer würde denn je dieses Zimmer
Anders verlassen wollen als
Auf dem schnellsten Weg hinab?

*

Durchblick

Die Schwärze der Nacht
Klebt an meinen Fenstern,
Mit keinem Wasser, keinem Regen
Dieser Welt zu lösen.

Es sind die weißen Wände,
Die meinen Wünschen
Freie Sicht verschaffen.

*

Offenbares Geheimnis?

Unbestechliche Porträts von Gott
Hab ich gemalt und
Stelle sie gern öffentlich aus.

Er wird mir schon nicht zürnen.

Nur Blinde führ ich
Nachts
Durch meine Galerien.

*

Ich hab heut Nacht vom Kaukasus geträumt,
Bin überall nirgends gewesen;
Verloren in der Tasche meines Mantels
Hab ich die halbe Welt durchreist,
So weit, weit, weit das Richtung Morgen
Geworfene, geschlossene Auge reicht.

Sonst hab ich alles, fast alles vergessen ...

Salzstaub vertrockneter Meere in der Lunge,
Eingesammelt an verwüsteten Küsten,
Krümel verbrauchter Wegzehrung im Haar,
Verknotet, mich zu erinnern – woran? –,
Ließ ich mich tragen – wohin?

Vergessen, fast alles vergessen ...
Hab ich Dich gar gesucht, mein Du,
Dort, wo ich nie gewesen bin?

Aus den Fenstern der Wolkenzeppeline
Schauten die Leute mir nach, stummer
Als ihre Fischaugen, wären mir so gern
Gefolgt über Stock und Stein – wozu?
Noch schüttelt's mich vor Lachen – warum?

Vergessen, fast alles vergessen ...

Und doch hab ich gewiss heut Nacht
Vom Kaukasus geträumt,
Bin überall nirgends gewesen.

(Für K. H.)

*

16

Schmerz der Selbsterkenntnis

Jetzt erst,
Nachdem ich in der Welt
Genug gesehen habe,
Erstarr ich in ihr endlich
Auch mein Spiegelbild,
Das unzerstörbare,
Das bleiben wird;
Und fühle mit, fühle
Mit zerschneidendem Schmerz,
Wie ich vor seinem Angesicht
Zersplittern und zerspringen will.

*

Widerstand

Die Seifenblasen
Des unbesiegten Kindes
Zerplatzen;
Die Welten, in denen
Man atmen könnte:
Sie alle zerplatzen
An der Mauer
Des grauen Windes.

*

Langmut des Gipfelstürmers

Mit unsterblicher Geduld
Steig ich Jahr für Jahr
Dem einzig lohnendem Ziel,
Dem ewigem Ruhm, entgegen
Und schaue scheinbar rührungslos,
Für andere unerreichbar,
Von meinem Gipfelthron
In die menschlichen Niederungen,
Grüße nur dann und wann
Die Unzeitgenossen auf den Höhen,
Die fern und bald übertroffen
In meinen Augenwinkeln liegen;
So seh ich ohne Eile zu,
Wie sich das Gebirge
Unter mir hebt
Und hebt
Und ...

... meine Tränen immer tiefer fallen.

*

Zweite Götzendämmerung

Entgötzen wir uns also
An dem lauen Abend
Unserer Spätzeit,
Blinzelnden Blicks
Und wortlos darum betend,
Wieder beten zu können!

Zwar schlugen die Bärte unserer Alten
Wurzeln bis in die Erde,
Im Dunkeln suchend,
Was dort wahrscheinlicher schien,
Doch hinaufzuwuchten –
Wohin auch? –
Vermochten die Guten, ja,
Selbst die Gutesten
Sie nicht und blieben ihr
Verwachsen bis in den Tod.

Legen wir, auch wir, uns nieder!
Lasst uns noch eine kurze Nacht
Drüber und drunter schlafen!
Morgen, morgen vielleicht,
Wenn der Tag wieder dämmert,
Wird schon manches
Anders sein
Können.

*

Rührung

Und ist die lechzende Sonne
Über das verweinte Gesicht gerollt,
Bleibt nichts zurück
Als Salz, reiner Kristall.
.
Sand im Getriebe der Welt.

*

Schlaflos

Irgendwann, hingestreckt
Zwischen Dämmern und Dämmern,
In Anschauung leerer Visionen,
Wähnt man, es tue sich auf
Ein Tal, fern der Zeit,
Und nähme endlich auf
Die hingebrachten Stunden.

Doch ein Ruhen ohne Sorgen –
Wo wäre das möglich?
Schweigen. Schweigen.

Vor dem neuen Morgen
Erreichen einen schon
Die vorausgeworfenen Schatten
Der nächsten Nacht.

*

Zielgruppe

Gibt es noch ein Meer,
In das dieser Lebensstrom mündet?
Oder gab es je eines?

Ohne Antwort unverdrossen,
Als mit schierer Gewissheit Ahnender nur
Werfe ich Verse in versiegelter Flaschenpost
Hinein in die Wellen für die irgendwo,
Aber ganz bestimmt am Ufer Säumigen.

Nichts als dahingelassene
Verse an die Zielgruppe Mensch.

*

Erbarmen

Die Felsen mögen ihre Unschuld
Weiterhin im Meer waschen
Und allmählich zerbröckeln,
Doch was ist mit uns Menschen?
Wie viele Steine müssen wir noch werfen,
Bis man endlich anerkennt,
Dass wir unschuldig sind?

Das über uns verhängte Urteil ist
Härter selbst als das öde Erz.
Bald schon, doch noch weit entfernt
Vom Ufer der Ewigkeit,
Wird es keine Felsen mehr geben,
Von denen herab wir unserem Ärger
Luft machen könnten.

So bleibt uns nur das Ertrinken
An erstickten Worten.

*

Strandgut

Unverstellte Frage: warum ich umhergehe,
Als Sucher dort am Strand der Gezeiten;

Unvergebene Antwort: ich klaub aus den Muscheln,
Den verstreuten, mir die Perlschnur meines Lebens.

*

Petrus

Ehe der Hahn krähte,
Verriet ich den Morgen,
Durch den sein Schrei mich nun
Mit jedem Tagbeginn verfolgt
Und als einziger Gefährte begleiten will,
Allen wärmenden Feuern fern.

Es rief der rot bekrönte Vogel
In Wahrheit meinen Namen,
Unbegriffen!

Trotz meines Vergehens
Tat er's, um mich zu trösten:
Denn alle Hähne werden
Bis in jedes Morgen hinein
Noch nach mir krähen.

*

Mahnung

Lang schon haben die Engel
Das Fliegen verlernt.
Gern und oft sitzen sie
Am Tisch mit den Menschen,
Teilen faul das faule Brot
Oder verfüttern es gelangweilt,
Scheinbar barmherzig,
An die einfältigen Tauben.

Nichts, was man ihnen
Von ihrer Armut noch rauben
Wollte oder gar könnte;
Keinen Krumen Seligkeit.

Geh ich munter, außer winters
Mit den Kindern durch den Park,
Vergess ich in allem Blühen niemals,
Auf die modrige Bank zu zeigen,
Wo, stumpf und steif wie je,
Die glotzäugigen Engel lungern,
Und warne mit bösem Blick:
„Werdet nicht so wie sie,
Sonst ist alles verloren!"

Doch jedes Mal noch hinterlass ich
Verstohlen eine danklose Münze
Im schäbigen, glatzigen Hut –
Für Wein und ein neues
Flügeltoupet.

*

Rollenwechsel

Die Seele ablegen
Wie ein altes Kleid –
Manchmal würde ich es gerne,
Wenn auch nur vorübergehend.

Die Seele wechseln
Wie ein neues Kostüm –
Manchmal würde ich es gerne,
Wenn auch nur vorübergehend.

Und spielen könnt ich dann
Mit dem Schmerz eines andern,
Nur so zum Spaß.

*

Labyrinth

Wenden wir Wenigen die Blicke
Durch die blauen Wolken
Zum Himmel hinauf,
Den Horizont neu zu bestimmen,
Gewahren wir ein Labyrinth,
Ganz aus hartem Kristall,
Durchsichtig bis zum tiefsten,
Dem allerletzten, unendlichen
Grund ohne Grund.

Und unsere fliegenden Sichtungen
Durchwandern vorausschauend
Die Vielzahl der Verzweigungen,
Allein: wir finden keinen Eingang!

Da senken sich wieder die irrenden Blicke,
Gemäß der Waage, die geeicht ist
Auf menschliche Augenhöhe.

Doch die Erinnerung an das Geschaute
Gräbt fortlaufend eindringliche Gänge
Im Geheimsten unseres Denkens;

Unermüdlich gräbt sie,
Bis wir das getreue Abbild
Des verschlossenen Himmels
Vielleicht in uns begehbar finden ...

*

Winter war es, wie immer,
In der Stadt Grimglirmor,
Wo jeder die Kälte
Des anderen scheut
Und Worte keine Melodien finden.

Wir froren feuerlos
Inmitten erst gestern erbauter Ruinen.
„Gerodet, gerodet ist der letzte Baum
Und längst verbrannt!" –
So sangen dumpf die Mohikaner,
Zum Takt ihrer ausgestopften Herzen
Um die Asche tanzend.
Aber die alte Weise war vergessen
Und fröhlich klang es nicht
In der Stadt Grimglirmor.

Ich aber hoffte, suchte, fand
Die Nuss im Straßengraben
Und zwang den ängstlichen Baum,
Der sich darin versteckte,
In ganzer Größe vor mir zu erscheinen.
Lang hatte man Gleiches nicht gesehen,
Nicht in Grimglirmor, wo Helden
Täglich geboren werden
Und stündlich sterben.
Er zitterte wie ich, wie wir's alle müssen
In dieser verfluchten Stadt.

Ich aber sprach.
„Sei ohne Furcht, Baum!
Kein Brennholz will ich,
Nur einen einzigen Ast
Für den gebrochenen Schaft
Meiner klagenden Axt,
Damit ich wieder träumen kann,
Dass einer käme; ein Erbarmer,
Der mich in seine warmen Arme fällen
Und für sich entflammen will."

Also sing ich das
Lied der Hoffnung.

*

Umkehrung des Unglaubens

Es geschieht heute
Oft genug auch Dir,
Dem Ungläubigen:
Du triffst einen Engel,
Sichtbar geworden,
Und er ist überrascht,
Dass es die Menschheit
Noch oder überhaupt gibt.

Dass er Dich erblickt,
Ist ihm nicht Beweis genug,
Denn er sagt mit schiefem Lächeln:

„Je mehr Menschen
Und deren Taten wir sehen,
Desto weniger, leider,
Können wir an sie glauben.
Wärt Ihr nur unsichtbar,
Es fiele uns leichter!"

*

Rachevariation I

Wann immer ich heimlich,
In unschuldig bösen Phantasien,
In Deine Richtung ziele
Und unvermeidlich abdrücke,
Tanz ich noch fröhlich
Auf der losgeschickten Kugel ...

Und – wie herrlich!!!
Im genussvoll gedehnten Knall
Sing ich süßgesalzene Lieder;
Spottverse wider Dich,
Nur hoffend, dass die Zeit,
Die löffelweise auszukostende,
Nicht wie im Fluge vergeht.

Der Treffer ist mir sicher,
Denn mit so viel Finsternis
Hast Du Deine Seele gefärbt,
Dass man ja immer nur,
Selbst als blinder Schütze,
Ins Schwarze treffen wird ...

Wenn auch (selbstverständlich)
Bloß in Gedanken ...

*

Aussichtslos

Wiederholte Versuche,
Zu schwimmen
In zäh geronnener,
Dem Gestern entpresster
Endzeitlichkeit.

Doch keine Zukunft
Für uns
Ewigheutige.

*

Das Meer

Das Meer,
Alter und Jugend,

Wirft Falten wie Fragen auf,
Tausendfach;
Und glättet immer wieder doch
Sein wandelbares Gesicht.

*

Beziehungskrise

Mein Engel wollte leise mich verlassen,
Ich aber stellte ihn und schrie:

„Geh nur, doch geh mit schlechtem Gewissen!
Hart hast Du mein Herz gemacht,
Durch alle Schicksalsschläge,
Die Du ihm versetztest."

Da zornte mein Engel
Und verpasste ihm, ehe er ging,
Einen noch gewaltigeren Schlag.

Da endlich war es still in meiner Brust.
Ich fühlte keine Schläge mehr,
Denn nur ein hartes Herz
Kann zerbrechen.

*

Schatzengel

Zu gut bewacht
Hast Du den Schatz
Im Heiligtum meiner Seele,
Das unbegriffene Geheimnis
Vor fremdem Zugriff
Zu gut beschützt.
Denn ich selber
Bin mir nun fremd geworden

*

Über das Tal der Träume

Wie ein Vogel stieg ich auf,
Über das Tal der Träume,
Hoch, immer höher hinaus,
Und blickte tief hinab, tief herab.

Sah, wie sie spielten,
Gestalten ohne Eigensein,
Verwirrende Gesprengsel
In Grau, Grün und Braun.
Nicht eine von ihnen
Schaute hinauf zu mir.

Ich schwang mich weiter hinauf,
Bis ich sie nicht mehr erkannte.
Schön war es dort oben!

Nie fühlte ich mich freier denn
Als dem Tal der erhabensten Träume
Enthobener.

*

Testamentarischer Verdruss

Nicht mag ich mehr die faulen Toten sehen,
Wie sie tagaus, tagein eitel umher gehen,
In ihrem verblendet reinen Weiß,
Mit ihrem unverschämten Grinsen!
Als wär es selbstverständlich,
Dass sie jedes Vorrecht hätten!

Lieber wäre es mir, nächteschweres,
Vor Trauer triefendes Schwarz
Bedeckte sie tief unter der Erde;
Ich weinte dann gerne um sie.

So aber weine ich – allenfalls –
Um meinen vergeblichen vorletzten Willen!

*

Vierzig Tage

Vierzig Tage ließen sie
Ihn hängen am Kreuz
Und erlaubten ihm nicht,
Zu sterben, o nein.

Vierzig Tage hängend,
Unter der Sonne aller Wüsten;
In der Wüste, die zwei Meter
Überm Boden liegt.

Vierzig Tage

Ohne Sinn.

*

Unser Weg

Es gleichen meiner Seele unerforschte Reiche
Dem frisch gefallnen, jungfrauweißen Winterschnee,
Betrittst sie Du, dem ich erst unvollkommen gleiche,
Wie ich erkenn, indem ich mit Dir drüber geh.

Denn es entstehen staunend neue Glitzerseen,
Wo Du das blanke Schneegesicht berührst.
In ihrem reinen Eis kann ich mich selber sehen,
Da Du es mir zur blanken Spiegelfläche kürst.

Wo immer ich mich selbst im Seelenreich erblicke,
Erschau ich mich in Deiner eingeprägten Spur.
Erlauf mit mir in Lebenswirrnis die Geschicke
Auf der verschneiten, todesbleichen Winterflur!

*

Neulich ...

kühlend.
der es nässte,
von dem Wolkenzuge,
Nicht mal löste sich der Regen
lastend auf den müden Schultern wieder.
... fühlt ich all mein abgeschnittnes Haar noch,

*

31

Noch laure ich im Wasser
Auf den großen Augenblick;
Unbeweglich, unentdeckt
Schau ich den Menschen zu.

Erst, wenn sie alle trotzig werden
Und gegen den Strom schwimmen,
Will ich allein Bruder Fluss treu bleiben
Und dem fließenden Wasser folgen

Durch ihre Mitte,
Bis ins Meer.

*

Demut

Bis in den Himmel wachse, Mensch!
Zeige Deine wahre Größe!

Dann neige und beuge Dich,
Bis Du die Erde als Ring umfasst!

*

Verbeten
(Für Messiaen, noch bevor ich eine Note von ihm hörte)

Wir schwatzen –
Verquer und verkreuzt und verwickelt –
Und verknoten uns doch nur gegenseitig
Die zugigen Gänge des Gehörs ...

Gott aber, Gott
Sitzt stumm in der Kirche,
Spielt lautlos auf der Orgel
Seine unerhörten Lieder ...

Wir jedoch schwatzen weiter –
Verwickelt und verkreuzt und verquer –
Und hängen doch nur klingelnde Seifenblasen
An jeden Hauch noch unbeschwerter Luft.

Gott aber, Gott
Sitzt stumm in der Kirche,
Spielt lautlos auf der Orgel
Seine unerhörtesten Lieder.

Ich aber, ich horche auf –
Berührt und beseelt und begeistert –
Und suche doch nur einen stillen Raum
Zum Ausschrei des verschwiegensten Schmerzes.

Gott aber, Gott
Sitzt stumm in der Kirche,
Spielt lautlos auf der Orgel
Seine verbetenen Lieder ...

Sitzt stumm und einsam in jener Kirche,
Die noch keines Menschen Fuß betreten hat,
Und die ich fern, von außen nur sah.

*

William Blakes Testament

Mit Gesang auf den Lippen,
Ja, so möchte ich sterben,
Denn ist mir auch dies Leben genommen –

Auf des Echoschalls Schwingen,
Ja, so will ich beizeiten
Unter Tauben doch bald wiederkommen ...

... kommen.

*

Ausgespannte Erwartung

Lange harrte ich mit geöffneten Augen aus,
So lang, dass zwischen meinen zum Fallen reifen Lidern
Nun Spinnweben, toten Nerven gleich, im Luftzug zit-
tern,
Grau und reizlos eine zweite Netzhaut bildend.

Doch selbst die Spinne glaubt nicht mehr an Beute.

Sähe ich endlich etwas, was sich Himmel nennen dürfte –
Wenigstens Aussicht, und sei es hinter einem Vorhang
Mit Gittermuster, meinetwegen auf den zweiten Blick –,
Ich wäre zu müde, um es nicht für einen Traum zu halten.

*

Bruch

Bislang noch
Brach mir jeder Mensch,
Vermutete Brücke zu Gott,
Spätestens auf halber Strecke ein.

*

Warum weinen?

Das Auge weint,
Weil es Gott nicht sieht;
Nicht Gott, der in ihm wohnt.

*

Natura vulnerata

Unbedichtbar eigentlich der Schreck,
Als ich in den Apfel schnitt
Und Blut quoll aus ihm hervor.

Augenblicklich erstarrt:
Die Bewegung meines eigenen Blutes,
Zur schockgefrorenen Welle.

Ich selber stierte nur
Mit kalter Faszination
In das entsetzlich wahre Bild.

*

Wandel der Zeitverhältnisse

Nicht mehr beheimatet wie die,
Welche sich aus den Balken in ihren Augen
Häuser in einer zersplitterten Welt bauen,
Doch auch nicht mehr unbehaust.

Heimgekehrt sind wir, nach langen Kreisläufen,
Wie die Zweige des verlassenen Nests an den Baum,
An welchem sie vormals wuchsen;
Wir hatten es nur nicht bemerkt.

Aber einsam sind unsere Wohnungen,
Weit wie ein Leben lang entfernt
Hausen die Nachbarn im Grünen,
Das noch nicht hoffnungsvoll erscheint,
Und brauen sich für den Abend
Ihr eigenes Bier zum eigenen Süppchen.

Manchmal, wenn der Blick sich Fenster bohrt
Mitten in die die verwinkelten Wände hinein,
Glaub ich ein Winken im Dämmer zu erhaschen,
Von unbekannter, menschengleicher Hand.
Dann erst kann ich halb zufrieden einschlafen.

*

Ärgernis

Immer das gleiche Ärgernis,
Schau ich den Spiegel,
Ungebrochen.

Auf gleicher, ewig gleicher Höhe
Muss ich mir stets
In die Augen schauen.

Zu gerne würde ich –
Einmal nur! –
Über mich
Hinwegsehen dürfen.

*

Versteckspiel

Wo warst Du, meine Seele,
Als ich saß am Ufer der See –

In den Wellen, im Lichtglanz, im Wind?
In mir oder außer mir?

„Überall", rief es da
Und hallte es allseits wieder.

*

Schneller, immer schneller
Dreht sich die Welt
Um mich.

Doch bekäm ich sie
Auch eines Tages
Unter mich –

Wär ich nur
Ein Hamster auf dem
Laufrad Erde.

*

Erntedank begehen wir,
Nomaden, die wir nicht säten.

Lange legten wir vergeblich
Wolken vor den Höhlen aus,
Sie anzulocken, hoffnungsfaul,
Denn die Zeit ermüdet.

Wir spähten und spähten,
Bis das Blau stumpf,
Bis das Blau blind wurde.

Jetzt endlich können wir
Die Vögel und andere ernten,
Die reif vom Himmel fallen,
Allabendlich, und

Fallend träumen zu fliegen.

*

Wassermann

Den trocknen Frömmlingen verhasst,
Blieb ich zeitlebens
Fern der Küste gefangen;
Ein Kuriosum unter Menschen,
Im Herzen ein Bewohner
Der Täler und Berge der Wellen.
Wollte in meiner Einsamkeit
Mir oft mein eigenes Meer weinen,
Doch lernte, nicht als Besiegter
In der Trauer zu verlöschen.

In ihren Augen war ich weniger
Als eines der in den Zehn Geboten
Vergessenen Kinder und ehrte doch,
Den kümmerlichen Deichen,
Die ich nicht sehen durfte,
Zum Trotz Vatermutter Meer,
Mochten auch die Kälber der Bauern
Mit Milch nach mir spucken.

Jeder Fluss war eine verbotene Brücke
Hin zum Meer, das ich so sehr und mehr
Als alles andere vermisste

Ihr stickiges Jenseits galt mir nichts.
Ich fürchtete ihren schrecklichen Glauben,
Den heillosesten Satz der Heiligen Schrift,
Der den neuen Himmel und die neue Erde meint:
... und das Meer ist nicht mehr ...

Die Sehnsucht nach der alten Heimat
Verzehrte und verbrannte mich zuletzt.
Ins Meer streuten sie meine Asche
Vor langer Zeit schon, hoffend,
Ich würde einst mit ihm vergehen –
Und früher noch erkalten.

Doch Ihre Übeltat war eine Gnade.

Denn meine Asche glüht,
Nicht immer noch,
Nicht noch immer,

Sondern immer, immer.

*

Börsengang

Ich bin kein Feilscher,
Mag mir durch mein Sterben nicht
Unsterblichkeit erhandeln.

Die anklagende Peitsche aber
Lass ich liegen, werde,
Euch handeln lassend, weiter ziehen

Und ungestorben bleiben
In der Ewigkeit der Zeit.

*

Angriff

Auch der gutmütigste,
Ja der schüchternste Igel
Geht zum Angriff über,
Irgendwann, und dann
Wachsen ihm Federn.

Doch zu klug ist dieses Tier,
Den alten, lächerlichen Traum
Vom Fliegen zu träumen.

Seine gefiederten Pfeile
Suchen das dunkle Blut,
Bis er nackt, aber
Endlich zufrieden ist.

*

In Dämmertagen zwischen Licht und Schatten,
Streunend zwischen Glück und Unglück,

Sind mir Streifen gewachsen, schwarz und stolz,
Tätowierungen dieses Rätsellebens.

Verdächtig machen sie mich den Menschen,
Die Mitmenschen sind oder es einmal waren;

Lieber schlag ich mich als Einzeltigernder
In den Dschungel, fern ihrer Äuglein.

Schweigt auch der Donner, mögen sie's ahnen:
Im Dunkeln blitzen meine Blicke.

*

Wendung

Oft fallen in trüb gewordene Regenstimmung
Tautropfig Elfen durch das undichte Dach
Und fordern mich zu tanzen auf.

Ich aber verkupple sie lieber mit meinen Worten,
Dass meine Gedichte schöner noch klingen,
Mitreißender und bewegender,

Nicht nur für mich allein.

*

Einladung

Weit wie das All
Ist der Raum,
Der mich trennt
Von Euch Menschen,
Und uralt die Einsamkeit.

Kommt her,
Ihr Geschwister,
Ich lad Euch ein,
Ihr möget Sterne
In der Umarmung
Meiner Weite sein!

*

Indirekte Zensur

Nur ein Diktator diktiert –
Doch nicht so ich, der Milde.

Ich schätze durchaus die Freiheit
Des geschriebenen Wortes.

Doch werde ich in meinem Reich
Dem Licht sein Vorrecht nehmen,
Indem ich alle Menschen blenden lasse,

Und zwar durch mich,
Durch mich allein.

*

Vogelfrei

Nicht länger aus untoten Vergangenheiten
Gitter und Zäune um das Leben bauen.

Lieber gastfreundlich dem Wahnsinn
Ein Nest im eigenen Kopf gewähren,
Um Lieder des Vergessens zu singen
Und endlich frei wie ein Vogel zu sein,

Statt vogelfrei im selbst gebauten Käfig.

*

An die Ungläubigen

Was erwartet Ihr von ihm?
Dass er Euren Champagner in Wein verwandle?
Hassen würdet Ihr ihn dafür, ja hassen!
Für Euch wird er ein Gekreuzigter bleiben,
Am Kreuz, das kein Engel je tragen wollte ...

Und unzählige Male gekreuzigt bleiben
An Euren mehrfach gebrochenen Rückgraten..

. *

Plädoyer für die zwischenmenschlichen Beziehungen

Nicht nur unsere Nächsten,
Auch die Zu-Nahen,
Die Zwischenmenschen,
Die mit großen, kalten Ohren
In den Wänden nisten,
Die uns vom Nachbarn trennen,
Verdienen (zuweilen) Beachtung.

*

Als der Affe die Banane erfand,
Wurde der Mensch vor Neid
Zum Philosophen und sprach:

„Alles Überlegene schafft sich
Die eigenen Ursachen selbst,
Um ihrer Herr zu werden.

Wartet nur, nicht lange
Nach der Erfindung des Rads –
Dann, wenn wir voller Stolz
Unsere Pferde mit Lenkrädern steuern –,
Werden wir aus Euch endlich
Unsre Vorfahren gemacht haben."

Der Affe nickte und meinte traurig:
„Wir schämen uns jetzt schon!"

*

Ich kann sie nicht leiden,
Die Meinenden, stolz
Auf ihr bisschen Eigen,
Als wären sie reich.

Ich konnte sie nie leiden,
Die Wohl- oder Übelmeinenden;
Bei ihren Anblicken und Ansichten
Wurde ich nahezu blind,
Denn ich sah nur noch rot.

Ich werde sie nie leiden können,
Die Irgendetwas-Meinenden
Mit ihrem tauben Wortgeklimper
Inmitten der Stille des Alls.

Ich hasse sie,
Die sich ihre Doktortitel
Auf die Zunge tätowieren,
Sei's in Fraktur oder Times New Roman.
Ja, ich hasse sie,
Die als die Kartoffeln
Des dümmsten Bauern
Noch etwas zu meinen haben.

Sollte man mich nicht wohlhabender nennen,
Mich, der sich den Luxus leisten kann,
Nichts anderes zu sein als
Meinungsfrei?

*

Hinter den Kulissen

Sie tuschelten leise bei ihrem Gelage,
Ein Tarnen und Täuschen,
Insgeheim ...

Doch ich lauschte aufmerksam,
Machte der Augen Rückseite sehend,
Insgeheim ...

Und durchschaute als Überlegener
Das verschwörerische Treiben
Meiner rebellischen Gedanken!

Bis heute haben sie sich nicht erholt
Von dem unverwindbaren Schrecken
Über die zu früh aufgegangene Sonne –
Das plötzliche Kommen des Herrn
In sein eigenes Haus.

*

Die Tür

Langwandernd nächtlich über nasse Pflastergassen,
Wo jeder lebt in seines eignen Schicksals Haus,
Da späh ich durch die hellen Fenster, zu erfassen
Das Innre all dies fremden Lebens – und erschau's.

Es glänzen Stimmen durch das Glas in meine Ohren
Und Bilder sprechen meine Augenseele an,
Als wärn sie meinem eigenen Geschick entboren,
Das zu den andern zärtlich erste Fäden spann.

Ich suche Einlass, türlos wehrn ihn alle Wände,
Da hör ich jemand, der mir sagt: „Ich bin die Tür!"
So kehr ich bei dem Nächsten ein und meine Hände
Sind dankbar, wenn ich's fremde Leben scheu berühr!

*

Rabenmutter

Nachlässig empor gestiegen
Wölbt sich
Der schwarze Federmantel.

Und leicht trägst Du,
Zu leicht ...

Trägst Dein Kind –
Ein *Kind* ja bloß –
Ein Kind ja bloß –
Unter Deinem Herzen.

Kilometertief
Unter Deinem Herzen.

*

Das Leben, unser letzter Luxus,
Ist das einzige, was noch fehlt, nur
Das Überleben haben wir,
Und zwar so satt.

Unsre Mäuler sind zu faul,
Sich den gebratenen,
Bald flügellahmen Tauben
Willig zu öffnen.

Allenfalls zum Zeitvertreib
Schlachten wir matt die Tomaten
Und rote Himmel fließen über, über
Unsere Augen, die nicht wagen,
Zu weinen. Womit auch?

Keine Morgenröte, nein.
Keine Abendröte, nein.

Nur träge rollendes Blut
In den alternden Adern
Der Nacht, die bei Tage
Blinzelnd umherschleicht.

Weltbildner sind wir nicht mehr.

Wohin sollen wir gehen?

*

Versuchung des Wunders

Will ich den Fuß
Auf die Meereswogen setzen,
Glaubend, dass sie tragen,

Zerteilen sie sich
Eilfertig vor mir
Und lassen mich

An neuen Wundern zweifeln.

*

Seiltänzer

Ein Seiltänzer sein –
Auf den dünnen schwarzen Linien
Der Landkartengrenzen.

Ein Seiltänzer sein –
Am liebsten ohne
Netz und doppelten Boden.

Ein Seiltänzer sein –
Und lieber noch im Fall des Falles
Ohne allen Grund.

Ein Seiltänzer sein ...
Um im ewigen Stürzen
Das Fliegen zu erlernen.

*

Workoholic

Die Rührung meines Traums
Versüßt mir die bittere Schwärze
Des Kaffees, der mich wach hält.

Einen einzigen Traum nur
Hab ich in meinem Leben geträumt,
Mein Leben selbst, in der einzigen Nacht,
Die ich leider verschlief.

Warum –
Warum nur lässt mein Traum
Mich nicht schlafen?

*

Niemandskind

Wo ist sie denn,
Jene mutterlose Gebärmuter,
In der man so gerne reisen würde,
Eingebettet in eine winzige Welt,
Durchsichtig und weich?

In ihr führe man
Über das weite Rund der Erde
Mit staunenden Augen,
Ohne je geboren zu werden
Und ohne je gebären zu müssen ...

Wo aber finde ich sie bloß?
Ich, das Niemandskind?

*

Unermesslich

Die Träume noch bleiben
Maßloser Forschung unvermessbar.
Widerlegt mir, dass ihre Geometrie
Nur ganze Zahlen kennt!

*

Ein möglicher Grund der Zeit

Wer liebt, der weiß, wie schwer es ist, zu sagen,
Was ihm das Herz im Innersten erfüllt.
Auf einmal will er alles auswärts tragen,
Vom Mund zum Ohr des Liebsten, unverhüllt.

Der Liebe Ausdruck ist nicht einzuraffen
In Worte, die ein Augenblick ergibt.
Hat Gott aus diesem Grund die Zeit erschaffen,
Um allen auszusprechen, wie er liebt?

*

Tage und Nächte

Nachts schlafen wir unter Hochdruck,
Die Sterne erinnern wir nur als Spiegelbilder
Unsrer früher noch aufgewandten Blicke.

Tags schaun wir stur gradeaus
Und schieben unsre Lebensmitten
Mühselig vor uns her.

*

Totenklage der Sinneswelt

Kinder sterben immer jung ...
Sterben immer jünger,
Eingesargt in einen Leib,
Der nicht zu erleben lernt,
Sondern abgeschirmt dressiert wird,
Mich durch Bildschirmblick zu sehen,
Mich durch Boxenhall zu hören,
Mich durch Tasten zu ertasten,
Ehe sich sein Sinn besinnt,
Wahres wirklich wahrzunehmen.

Missung werden sie den Engeln,
Welche jünger älter sind.

Kinder sterben immer jung ...
Sterben immer jünger.
Könnten sie Vertrauen fühlen
Für Gesichter, die bezeugen,
Dass die Alten anders spielen;
Nicht mit Kreide oder Stiften,
Nicht mit Rasseln oder Puppen,
Nicht mit Bällen oder Knete,
Doch mit ihren Lebensfalten,
Die nicht Totenmasken eignen!

Einsam aber sind die Kleinen,
Immer größer wirst Du, Land
Untergehnder Morgensonne;
Land verlornen Lächelns.

*

Will sein ein Stein allein.
Ein Stein hat keine Gene,
Vererbte nichts und erbte nie.

Bin gern ein Stein,
Fels nur brandet durch die Vene,
Die Zelle ist aus Diamant.

Ich bleib auch gern ein Stein,
So modeln mich nicht jene,
Die Schöpfer wärn aus eigner Hand,

Wärn sie nicht selbst bloß Parodie.

Ich, ganz für mich, roll
Einsam durch das Land.

*

Am Ufer

Im Meer spiegelt sich
Das bäuchige All
Und in ihm die Augen
Meiner ungebornen Kinder.

Wartet, Kinder, noch ein Weilchen.
Kommt Ihr nicht zu mir,
Komm ich bald zu Euch.

*

Offizielle Beschwerde

Es ist einfach nicht mehr zu ertragen,
Dass die Ungeborenen überall schon
Ihre Hände dazwischen schieben müssen,
Um ihre Anrechte geltend zu machen.

Mehr noch: kaum einen Schritt
Können wir gehen, ohne dass uns,
Tückisch, wie aus dem Nichts,
Ein Bein gestellt wird.

Und keine freie Sicht ist uns gewährt,
Verstellt von all den Gliedern,
Die frühzeitig, wie dunkle Vorahnungen
Ins umkämpfte Dasein ragen.

Aber wir sind nicht wehrlos:
Kriegen wir nur einmal eine Hand zu packen,
Werden wir ihren Eigner gewaltsam
Ins Hier und Jetzt zerren,
Ihm Links und Rechts
Eine saftige Ohrfeige verpassen
Und ihn mit einem gezielten Tritt
Zurück in die Zukunft schicken!

*

Paradoxie des Lebens

Den Sadismus des Schicksals
Einmal umzukehren –

Es foltern auf der quälend langen
Streckbank unseres Lebens,
Bis es seine letzten
Geheimnisse preisgibt ...

Dies nur wollen zu können,
Ist eben unser Schicksal.

*

Belastung

Zu früh hatte ich, der geborene Rebell,
Mich in blendenden Marmor gekleidet;
Zu schnell die Kronen wechselnd
Bin ich um die halbe Welt gereist,
Um ihre Reiche zu erobern.

Jetzt lastet all der Kopfschmuck
Noch in der Erinnerung auf mir
Und macht jeden Gedanken schwer.

Mein letzter, verschwiegener Befehl wird sein,
All jene Statuen, in denen ich mitfühlend leide,
Von den öffentlichen Plätzen zu schleifen
Und auf die Schärfste der Guillotinen zu betten.
Ich selber werde Hand anlegen müssen,
Um mich von meinen Häuptern zu befreien ...

Denn die Revolution ist satt
Und verschmäht schon seit langem
Ihre eigenen Kinder.

*

Räuberbande

Räuberische Elstern wohnen
Im Land Deiner Schönheit,
Stehlen mir gierig das Funkeln
Aus meinen Dir geltenden Blicken,
Wollen es für sich allein besitzen
Zum Ausschmuck ihres Nestes,
Als ob Du nicht ohnehin schon
Verführerisch genug wärst.

Doch mancher, der vorüber geht,
Wird zweifeln, was schöner sei:
Du – oder das Funkeln in meinem Blick.

*

Oberflächliche Trauer

Aus den schwarzen Tränen,
Die ich über die Jahre hinweg
Geweint hab in die Schale
Meiner eignen Hände,
Recken sich jetzt Tentakel,
Die mich hinab ziehen wollen,
Doch in welche Tiefe?

Noch hat mein Schmerz
Einen zu flachen Grund,
Als dass ich Kerl mich
Nicht lächerlich machte,
Wollt ich darin versinken.

*

Kalter Wunsch

Das Meer,
Seine strömenden Katakomben
Zum Kochen zu bringen,
Dass allen flüchtigen Fischen
Flügel wachsen …

Dass selbst
Die wundersamsten,
Nie gesehenen Wesen
Aufsteigen ohne Eitelkeit,
Wie die gebratenen
Schlaraffenländischen Tauben …

Ein längst erkalteter Wunsch
Der einsamen, die Menschen missenden
Engel, deren Flossen – leider –
Nie erschaffen wurden.

*

Eiszeit

Wie falsch ist unsere Eiszeit,
In der die Skelette
Sich in Fleisch hüllen
Und die Seele in ihr Innerstes,
In ihr kältestes, härtestes Weiß
Verbannen müssen,
Bis es bricht!

*

Aufruf zum Voyuerismus

Schau heimlich zu, wie zärtlich
Sich die Steine dieses alten Burggemäuers
Noch heute ineinander schmiegen,
Gehalten nur durch Mörtelmorsch,
Im Glauben, niemand achtete mehr ihrer!

Schau näher, tiefer und erkenne,
Wie doch die Zärtlichkeit das Grobe
Vor allem Groben schützt!

*

Ausritt

Hast Du schon mal
Einen Engel geritten?
Findest Du noch einen
Zurückgebliebenen
Unter den Menschen,
Ist's nicht leicht,
Den Widerborstigen
Zu fangen und zu zähmen.
Selbst wenn es gelänge –
An dem trägen Ritt,
Verliert man leicht die wilde Lust,
Denn die Engel fliegen heute nicht mehr
Hinauf in den verwaisten Himmel.

Sie sind tief, tief
Unter den Menschen.

*

Expression

Die feurigsten Bilder
Brenn ich der schwärenden Sprache ein,
Die im Schreien Dichtung wird.
Doch was sie auch äußert,
Es kann nie mehr sein,
Als der Abdruck meines Schmerzes.

*

Nonsensisches Mahnmal

Die Grenzsteine aller Welt
Einsammelnd,
Errichtet der Nonsens
Im Niemandsland
Eine gut bewachte Mauer,
Um die herum jeder Narr
Spazieren gehen kann;
Ein Mahnmal für die Sinnlosigkeit
Der Begrenzung.

*

Diebische Freude

Meine Seele verschließ ich fest
Vor fremdem Zugriff
Auf mein Eigen.

Die Engel lauern lange schon
Auf einen schmalsten Spalt,
Durch den sie schlüpfen dürften,
Anders als die Vogelkinder;
Denn im Menschen nur
Fühlen sich Engel geboren.

Hämisch öffne ich die Seele dann,
Kurzweilig bloß und schadenfroh,
Um sie im letzten Augenblick zu schließen
Und ihnen den Triumph zu stehlen.

*

Masse

Wenn ich sehend werde
Und die Engel schaue,
Die sich wie Vogelschwärme
Am Himmel drängen,
Blau und Stern verdecken,
Zweifle ich manchmal
An unserer Freiheit.

*

Pessimistisches Erwachen

Seitdem der Himmel
Tiefer gehängt wurde,
Sehen, singen und hören
Selbst die weißesten Vögel
Nur noch Schwarz.

Ihr morgendliches Jammern
Über den Sonnenschein,
Die Stimmen, die aus dem Gezweig fallen,
Zusammen mit den verwelkten Blättern,
Verkünden uns, dass der kommende Winter
Bestenfalls farblos sein wird.

Und der Morgen schon dampft freudlos
In einen weiteren, unnötigen Tag hinüber.

*

Buch des Lebens

Mein Leben – ein Buch,
An dem nur der Titel gut ist.
Halblungig hauch ich
Den müden Wind
Durch die welken Blätter
Meiner grünen Tage
Und an jedem Buchstaben
Verfängt sich ein Augenblick.

*

Mahnwache

Je mehr die Erde
Fruchtet,
Desto weniger sie
Sättigt.
Je mehr Kinder
Sie nun wirft,
Desto älter
Sie wird –
Und stirbt doch vereinsamt.

Ich aber
Lasse sie nicht allein;
Ich, einzig Ich
Will immer bei ihr bleiben.

Und schließ ich die meinen,
Drück ich ihr damit zugleich
Ihre müden Augen zu.

*

Schicksalsströmung

Das Wasser trägt seine Wege in sich,
Auf Erden strömend,
Nach oben und nach unten steigend.

Nur manchmal fluten unsre Bewegungen
Zurück und wir schauen hinter uns
Die Zukunft, die uns drängt und treibt.

*

Wir Unersättlichen

Nicht einer, nein vieler Mütter Milch
Hast Du schamlos aufgesogen,
Die Spenderinnen zurückgelassen,
Zertretenes Dosenblech am Straßenrand.
Und immer noch dürstet Dich
Nach fremdem Leben.

Ich habe nicht viel, nur den
Mal fließenden, mal stockenden Strom
Der Worte meiner Dichtung,
Um mich, im Sprechen und Singen,
Selbst zu stillen.

Und verschenke ihn weiter
An den einzigen Vater
Und die einzige Mutter

Auf der Wanderung
Zwischen Himmel und Erde.

*

Danach

Beinah zu schwer
Für die Kräfte der Schwangeren:
Die vor der Geburt schon
Lebenssatten Säuglinge,
Die schlüpfen wollen
Durch die zerbrechende Schale,
Durch die Mütter, niedergezogen
Zur Erde, wo viele schon ruhen
In Blut und Boden.

*

Himmelbett

Ins Schicksal eingebettet,
Wölbt der Atem der Nacht,
Der niemals ruht,
Unsere blauen Vorhänge.

Bedächtig näht sie
Tag an Tag
Und Himmel an Himmel
Mit ihrem Zwirn und Faden,
Während wir schlafen.

*

... feel so suicidal ...

Es rollt die Welt auf ihren alten Gleisen,
Setzt fort den Gang von Endlos-Kreisen.
Ich kauer in verlorner Mitte.

Tret ich aus mir heraus, nicht länger bang,
Und werf mich in des Räderwerkes Gang,
Durchbrech ich die gewohnte Sitte –

Dann steht sie still,
Weil ich es will.

*

Neuwald

Auch wenn es verboten sein könnte,
Fühl ich, geh ich spazieren,
Manchmaligen Wunsch,
Auch dann und wann ein Baum zu sein,
Zu dem sie gerne kommen,
Um sich niederzulassen,
Die Schwärme der ziehenden Engel ...

Gern wär ich der erste Baum eines neuen,
So noch nie gesehenen Waldes.
Und zaghaft streck ich mich aus bis ins
Wachsende Zittergezweig hinein,
Lasse alle alten, verbrauchten Gesichter
An meinem Stamm herabfließen ...

*

Alter Recke

So lang und eifrig
Ließ er sich Lorbeer
Ums Haupt flechten,
Dass es darüber ergraute.

Bald wird jeder Kamm
Ihm ganz unnütz sein,
Selbst den verwegenen Haaren
Auf seinen morschen Zähnen
Im großen Maul, denn:

Zuletzt fällt immer auch
Das Ruhmesblatt
Vom Baum des Lebens.

*

Ohne Flügel

Kaum, dass ich zur Welt kam,
Ohne Gebrauchsanweisung,
Weder für sie noch für mich,
Rupften die Menschen mir
Feder nach Feder aus.
Schmerzhaft war's,
Doch Danke sag ich –
Nachträglich, ohne nachzutragen.

Denn frei von dieser Last,
Darf ich ohne Flügel
Erleichtert in den Himmel aufsteigen
Und auf Menschen und Engel
Gleichermaßen herabsehen.

*

Schlechtes Vorbild oder:
Sittenverfall

Allabendlich in der Bar
Erstick ich am Tresen beinah
Im Rauch des Verglimmenden,
Am wabernden Stimmenschwall
Und alkoholisch aufgedunsener Lust;
Ein Funke genügte schon –
Vielleicht ist's der nächste ? – ,
Das Seelengemenge zu entzünden.

Fort, stöhn ich,
Mit diesen schlechtesten
Vorbildern der Schöpfung
Fort, nur fort
Mit diesem wuchernden –
Gemensche!

Ausbüchsig werd ich und flieh
In den angrenzenden Morgenraum
Des Waldes, atme tief durch und –
Ersticke beinah am Qualm,
Der sich selbst verräuchernden Bäume.

*

Standpunkt

Meine Worte schreib ich
In die Sonne oder
Mit dunkler Schrift
In die Gedanken der Nacht.

Besser, ich und mein Wort
bleiben unerkannt,
Als dass ich Euch
Nach dem Auge
Hörig dichte.

*

Eigenlob

Noch träufend von den nächtlichen Träumen,
Die Tage zum Trocknen in die Sonne gehängt,
Auf dass unsere hübsche Nacktheit
Das verlorene Paradies herbeibeschwöre –

So legen wir nichts an,
Außer die berüchtigte Tarnkappe,
Die vor Gottes Auge unsichtbar macht,
Und verbergen uns scheulos
Vor dem sich Verbergenden,
Dem man bei seinem heimlichsten Treiben
Gefahrlos zuschauen kann,
Wenn er sich unbeobachtet fühlt.

Weder schämen wir uns wie einst,
Noch sind wir eitel.

In tiefster Bescheidenheit wollen wir
Nicht von ihm gesehen werden;
Nicht um des unvermeidlichen Lobes Willen,
Wie gut wir doch geworden sind.

*

Verstoßener

Die Erde trägt mich
Doch nur,
Weil sie mich
Nicht haben will
Und von sich stößt.

Schon jetzt fürcht ich,
Nach meinem Tod
Kopfunter über den Himmel
Wandern zu müssen

Als Gefährte der Gespenster.

*

Verdächtig

Im Schilfgras
Geht das Verbrechen um.
Wer aber erlaubte
Den Halmen
Ohne Machtwort
Des Windes
Sich zu bewegen,
Nur um das Rascheln
Des Mörders zu überdecken?
Ach, auch die Natur ist uns heute
Verdächtig geworden!

*

Seelischer Notfall

Am Tag, als meine Seele starb,
Die sich so lang fortgesehnt, gebunden
An der Nabelschnur des Körpers,
Doch ohne den Mut zur Trennung,
Trotzdem viele Hebammen
Sich für wenig Geld angeboten ...

Da war ich allein, kein Heiler in der Nähe.
Lang wartete ich und prüfte,
Ob noch Leben in ihr pulste.
Doch als sie kalt und ohne jede Regung blieb,
Gab ich Bescheid, sie fortzuschaffen.

Die Lage ihres namenlosen Grabes
Gilt mir weniger als das Frühstück am Morgen.

*

Lied vom Doppelgänger

Dereinst, als ich müde, vom Alltag zerschlagen
Den üblichen Weg stracks nach Hause zu nahm,
Vermochten mich kaum noch die Beine zu tragen,
Als machten Gewichte sie schwerer und lahm –
„Rukkediru! Rukkediru!"
Fühlt ich für Zwei des Lebens Gram
Und wollte nur schleunigst nach Hause.

Die Straße fror spiegelnd vom nächtlichen Regen,
Da, unter mir – plötzlich – ein Schreckensgesicht!
Fast stolperte ich und hielt ein im Bewegen.
Ich war es wahrhaftig – und war es doch nicht!
„Rukkediru! Rukkediru!" –
Es klang nicht, wie ein Mensch sonst spricht.
Ich wollte noch schneller nach Hause.

Welch höhnisches Grinsen, welch hässliches Blecken!
Ein Etwas trieb boshaft mit mir seinen Spaß.
„Von Deinem Sein zehr ich!", rief's, um mich zu necken,
„Ich warte auf Dich, bis Dein Weg bricht wie Glas.
Rukkediru! Rukkediru!"
Ich riss mich los von diesem Aas
Und flüchtete hastig nach Hause.

Doch weiß ich, ich muss den Beschwerer stets heben,
Der unsichtbar anhängt, was immer ich tu.
Ich höre ihn flüstern, ich höre ihn eben:
„Begreif, Du bist ich, denn ich selbst bin ja Du!
Rukkediru! Rukkediru!"
Und künftig find ich keine Ruh,

Denn Blut fürcht ich in meinem Schuh.

*

Rachevariation II

Ihr sprecht eine Sprache,
Die nur Unwahres sagen kann,
Drum mag ich nicht mehr
Eure ekelhaft auszüngelnde
Atemluft mit Euch teilen,
Ja will die noch unverdorbene
Vor Eurer Verlogenheit
Und Eurer Gier bewahren ...

Tief, tief wie die Wahrheit
Saug ich alle Luft der Welt
In meine Lungen, behalte sie
Lange und länger in meiner
Unauslostbaren Innerweltlichkeit.

So lange, bis Ihr erstickt sein werdet.
(Selbstverständlich nicht nur in Gedanken.)

Dann erst werde ich wieder
Freier atmen können.

*

Engelsgeflüster

Sehr selten belausch ich
Aus Langeweile die Engel,
Wie sie flüstern und planen,
Je nach Laune
Mir nutzlos einzugeben,
Dass es sie gäbe,
Oder mir vorzutäuschen,
Dass es sie nicht gäbe.

Ihr Flüstern noch ist gütig,
Lässt alle Möglichkeiten offen.
Allein ihr Schweigen
Beweist unerbittlich,
Dass sie sind.
Etwas, was nicht ist,
Könnte niemals
So gleichgültig sein.

*

Protest
(Zu Pace-Fahnen)

Kaum einer bemerkt,
Dass nun die Regenbogen
Sich auf den Kopf stellen,
Um mit den Unsrigen zusammen
Gegen die Farblosigkeit
Des Lebens zu protestieren.
Wer keine Hände hat
Und nichts bewegen kann,
Dem bleibt schließlich nur –
Und immerhin! – zu zeigen,
Dass er nicht, wie so mancher,
Auf den Betonkopf gefallen isst.

*

Der Autobiograph

Ein junger Spunt, schon allerorts berühmt,
Der wollte keck und gänzlich unverblümt,
Noch ohne sich am Weltgeschick zu reiben,
Im Buch den eignen Lebenslauf beschreiben.

Doch, wie vermutet, war er noch zu jung,
Erschöpft versiegte die Erinnerung.
Darum beschloss er (wie so manche Ahnen)
Sein Leben für die Zukunft auszuplanen ...

... und setzte fort die Selbstbiographie
Mit allerpeinlichster Pedanterie.
Im fert'gen Buch warn sämtlich eingebunden
Die Jahre, die sich noch nicht eingefunden.

In allem, was er mit Bravour beschrieb,
Erkennt die Nachwelt, dass er wahrhaft blieb.
Denn solches, was er einmal aufgeschrieben,
Bestimmte nun sein Leben und sein Lieben.

Erbat man scheu des Greises weisen Rat,
Verwies er auf die größte Lebenstat:

„Ein wahrer Künstler, der vergesse nie,
Schon früh zu feilen die Biographie!"

*

Gealtert

Wasser meines Jungbrunnens,
Des unauffindbar gewordenen,
Wo bist Du?

Wann immer ich zu Dir ging,
Um wieder zu erkraften,
Schöpfte ich arglos
Aus dem Vollen und
Versprengte es freigiebig
In die darbende Welt.

Nun bin ich alt geworden,
Alt und vergesslich.
Ich erinnere mich
Keines Weges mehr.

Und Du, Du bist
Irgendwo,
Verdünnt im Meer der Zeit.

*

Aufgetan

Auf meine nie vollzogene Netzhäutung
Trommelt das vorwurfsvolle Licht,
Lässt meine zuckende Zunge
Sich tanzend verzücken
Und sie als Schlange
Die nie widerrufene Lüge
Des Tages verkünden,
Dass er sehend machen würde.

*

's ist nicht so

Es ist nicht so, dass ich noch wüsst,
Was ich einmal begehrt.
Vielleicht war nie ein Wunsch je stark,
Da ich ihn bald entbehrt.

's ist nicht so, dass ich Kummer hätt,
Nur bin ich auch nicht froh.
's nicht so, dass ich leiden tät –
Das Leben lebt sich so.

Ich weiß nicht, was die Welt bedeut,
Man hat sie mir noch nicht vorgestellt.
's nicht so, dass ich nun klagt,
Dass sich das Dunkel nicht erhellt.

's ist nicht so, als ob ich fühlt,
Was mir am Leben fehlt.
Vielleicht fehlt mir das Leben selbst,
Von dem man mir – und immer nur –
erzählt, erzählt, erzählt.

's ist auch übrigens mitnichten so, dass ich mich etwa
noch ein wenig ab und an berauscht, o nein,
An überflüss'ger Worte Spiel.
Auch ist's nicht so, dass ich bereut,
Wenn ich auf Stolperfersen fiel.

's ist nicht so, dass ich verstünd,
Warum ich dichten tu.
Vielleicht brächt mich ansonsten bald
Die lange Weil zur Ruh.

's ist nicht so, dass ich begriff
Das End, den Anfang von dem Lied.
Beschwör auch Sehnsucht nicht herauf
Nach alter Liebe, die mich mied.

Fast scheint mir's so, als wär mir's lieb,
Ich hätte nichts gesagt,
So dass mein Mund verschlossen blieb,
Der ohne Mut zu fragen wagt.

Doch an für sich ist's mir fast gleich,
Ob ich nun sprach oder ob ich schwieg.
's ist halt so, dass ich mal sing,
Eh ich im Erdreich lieg.

*

Tantalos' Kosmos

Der Unterwelt entwachsen,
Entschuldigt,

Bis auf Augenhöhe
Die Sterne um mich,
Greifbar nah –
Doch streck ich
Arme, Hände,
Reck ich trotzig
Selbst noch die Fingerspitzen.

Weichen die Scheinenden fort
Bis zur äußersten Krümmung des Alls.

Niemand, der mir
Die Sterne vom Himmel holt.

*

Erdgebären

Täglich
Bellt die
Qual meines Hundes,
Eng gebunden an
Unseren Leib mit der
Fessel des Schmerzes ...

... aber später dann lös und leg ich
Behutsam vor unsere Hütte
Seinen gar wehen Zahn,
Gefüllt mit beißender Lava,
Tief eingeruht in weicher Erde,
Daraus die Nacht emporsteigt ...

... und am Morgen dann,
Noch ehe sie ihn
Wieder bindet,
Hör bunte Vogelstimmen ich,
Musik, breit hängend
An den Wänden unserer Hütte
Im Neubruch alten Sonnenaufsangs
Erstmals losgelöst.

*

Mein Zuhause

Die Schwingen meines Engels –
Eine mit mir wandernde Brücke
Ohne Pfeiler.

Darunter schlaf ich gerne,
Hab ja sonst keinen Fetzen Dach
Überm Kopf.

So mach ich's mir oft gemütlich,
Denn ich hab mich dran gewöhnt,
Selbst auf bodenlos frechem Abgrund

Das Gleichgewicht zu halten –
Und als rastloser Wanderer
In mir meine Schwerkraft zu finden.

*

(Un-)Logik der Wahrnehmung

Ich glaubte nicht,
Ich sei verrückt geworden,
Als ich während des Spaziergangs
Ein Rudel Riesen sah, die
Kräftig in ihre Flöten bliesen
Und ausgelassen dazu tanzten,
Dass die armen Maulwürfe
Und ärmeren Würmer erzitterten.

So etwas geschieht
Einem wie mir tagtäglich.

Ich zweifelte bloß an mir,
Weil ich keine Musik hörte
Und es windstill blieb.

*

Parallelwelten

Faszinosum der Wissenschaft,
Als sie nicht im All,
Sondern unter Menschen
Die ersten Parallelwelten entdeckte
Und deren Wachstum beobachtend,
Weltbilderschütternd darüber erschrak,
Welch unermessliche Entfernung
Ein paar Meter schon bedeuten können,
Wie Abgründe sich, scheinbar von selbst,
Auf der Länge eines Schrittes bloß,
Tiefer und tiefer graben.

Nun, da das Weltbilderbeben sich etwas gelegt hat,
Sucht man für anfängliche Experimente
Mutige mehrdimensionale Pioniere,
Springer und Wanderer zwischen den Welten
- die schneller sind als das Licht,
- die instinktsicher Wurmlöcher aufspüren,
- die angesichts schwarzer Löcher nicht blind werden.
Man setzt ein hohes Risikogeld aus.
Aber: wer bringt schon
Solche Qualifikationen mit?

*

Eigenfühlung

Wo wird dem Fieberblut je Kühlung?
Erlang ich mit mir selber Fühlung,
Ruht erst der Funke in dem Ursprung,
Nicht zündend mehr im Überspringen.

Die Haut der Welt grenzt hart an meiner,
Sie reißt, ich schlüpf hinein und feiner
Erfühl ich inwärts alle Dinge,
Die gegenseitig sich bedingen.

Ich fühl auch mich, spring ich hinüber,
Streif gern die Welthaut kleidsam über.

*

Vision

In die Zukunft hinein grub ich –
Verbotenerweise;
Tief und immer tiefer
Im Moder und Staub
Künftiger Zeiten.
Ein Buch – mein Buch –
Fand ich zwar,
Doch es war versteinert,
Gab seinen Sinn
Nach all den Jahrtausenden
Nicht mehr frei
Und schien mir doch
Bedeutungsschwerer
Denn je.

*

Auf dem Königswege

Verwischend die eigenen Spuren im Staube,
Trägt jeder wahrhaft Hohe den Marmor
Aus der Gestalt zurück in die Wunde
Des leidenden Felsenhartes –
Wie das Wasser in die Wolken wandert – ,
Verwerfend alle Eitelkeiten,
In Frage jäh gestellt;
Und beantwortet durch
Die höchste Gabe:
Das Gegebene
Wieder herzugeben.

*

Des Wassers Mantel

Ach, schaut, wie irr die Menschen täglich tanzen,
Vom Zwang des Klangs der Dinge aufgewiegelt!
Man findet keinen Ort, sich zu verschanzen
Vorm Lärm der lauten Welt, die sich nicht zügelt.

Drum schlüpf ich in des Wassers Wellenmantel,
An dem Geräusche fließend niederperlen ...

Hier dringt nicht ein Musik der niedern Menschen,
noch der hohen Engel –
Und Ruhefrieden schirmt vorm niemals müden
Kreisch- und Klanggeplengel.

So hör ich nicht Geräusche, nicht ihr immerwildes
sich Vertauschen.
Nur Stille noch – mein Herz vielleicht – und sonst
ein einzig Rauschen, Rauschen ...

*

Revolution in Zeitlupe

Gedankenzunder, bereit
Zum flächendeckenden Weltbildbrand,
Wähn ich manchmal in mir.

Doch ich atme schon asthmatisch
Und der Wind beatmet müde
Durch spröde Lippen meine Lungen.

Alles um mich her
Will bloß langsam Feuer fangen,
Ich aber zerfalle schnell wie ein Atom.

Asche wird mein Körper sein,
Ehe der Funke überspringt.

*

Happy Birthday

Hab mich ein Vierteljahrhundert schon
Möglichst aufrecht über diese Erde getragen,
Die nicht Heimat werden will ...

Immer noch fällt es mir schwer,
Mich daran zu gewöhnen,
In der Schwerkraft jeden Morgens
Das Laufen neu zu erlernen.

Und wie schwerer Staub lastet
Der ungeschmolzene Schnee
Auf den vergangenen Wintern.

*

Beruhigend

Auf meinen Nachtwanderungen
Schrecken mich immer noch,
Die spöttischen Stimmen
Der Mengenmenschen, die
Ich bei den Abgründen treffe,
Wo sie gern Worte als Köder
Auswerfen, um hohle Echos zu angeln:

„Lass Gott, den lieben,
Über der Wolkendecke ruhen
Und bis in alle Zukunft träumen,
Wie er uns ein für allemal richtet.
Denn sein gerechter Traum
Vom Jüngsten Tag währt ewig."

So rufen sie, doch beruhigt mich
Die Gewissheit: sie sprechen
Ja nur im Schlaf.

*

Utopie

Da seht: der Menschen letzte Stadt
Aus totem, stumpfen Stein erbaut.
Ein Anblick, der dem Auge graut
Und keinen wahren Namen hat.

Sie kann nicht widerstehn dem Sturm,
Der schon an ihre Dächer greift,
Mit Feuer, Wasser Mauern schleift,
Ins Erdreich sinkt der letzte Turm.

„Wo sollen wir jetzt wohnen?"
So geht der Menschen Frage.

Da seht: es wachsen starke Bäume,
Ein jeder wie ein schönes Haus,
Draus ziehn die Menschen nimmer aus –
Sie hätten Lebens-Räume.

*

Motivation

Nicht der Hammer eines Gottes,
Die starren Blicke der Forscher
Nageln heute die Engel an den Himmel,
Um scharfsinnig zu beweisen,
Dass nie einer der ihren
Über das stumpfe Blau flog,
Das Liebende umsonst rot küssen.

Ich aber werde weiter schreiben.
Wenn nicht von dem gefundenen,
Unerzählbaren Frieden,
So doch vom suchenden,
Geschichten gebärenden Kampf.
Wenn nicht von Gott,
So zumindest von der Liebe,
Die zwischen uns bleibt und wirkt,
So fern er immer sein mag,
Der vielleicht die Ferne ist –

Denn auch ich sah – wie könnte ich's denn? –
Die erstarrten Engel nicht fliegen,
Doch habe ich ihren Wunsch nach Bewegung
In mir und in meiner Sprache gefühlt ...

Ich, ein Dichter
In unbedichteter Zeit.

*

Ein Lied für jedes Spiegelkind
(Songtext)

Schlaf schön, kleines Spiegelkind,
Du weißt, dass nichts geschieht.
Dorthin, wo die Träume sind,
Gehst Du mit diesem Lied.

Deine Träume sind so hell,
Dass Du die Augen schließt.
Sanft ist dieses Licht, nicht grell,
Das sich in Dich ergießt.

Tränen, die Du oftmals weinst,
Sie scheinen winzig klein.
Glaub mir doch, sie werden einst
Ein Meer geworden sein.

Kannst Du schwimmen, Spiegelkind?
Ich selbst, ich weiß nicht wie.
Hör, dass Träume Inseln sind,
Und rette Dich durch sie.

Alle Wunder dieser Welt,
Sie spiegeln sich in Dir.
Heute Nacht, was sich erhält,
Beschützt im Tagsgewirr.

Nun schlaf schön, kleines Spiegelkind,
Du weißt, dass nichts geschieht.
Dorthin, wo die Träume sind,
Gehn wir mit diesem Lied.

*

Menschenkinder

Adam und Eva zum Letzten!
Niemand sonst auf Erden –
Im All einsam –
Nur Mann und Frau –
Gealtert seit Anbeginn –
Wie drängen sich die Seelen –
Wünschend, noch *einmal* geboren zu werden –

So könnte man meinen –
Doch niemand will es noch –
Niemand will Fackelträger sein –
Nicht Fackelträger des verlöschenden Geschlechts –
Keine Eile zur Geburt, keine Eile zu sterben –
Die niemals Kinder waren, haben Zeit –
Werden Kinder, verlassen die Erdenbühne –

Der Vorhang fällt matt herunter –
Kein Unterschied zwischen Darsteller und Zuschauer –
Eine großartige Darbietung zu stillem Applaus –

Die Rückkehr ins wahre Paradies!

*

Lied von des Jüngsten Tages Abend
(Songtext)

Meine Heimat ist das Licht.
Im Schattenreich gefangen
Verwandre ich die Zeit
Durch verwunde Wirklichkeit
Erkenntnis zu erlangen.

In dem großen Zeitenlauf
Kreuzen sich verwirrte Pfade,
Doch Erinnrung wird mich führn
Und den sichren Schritt erspürn
Über alle hohen Grade.
Und es ist der Weg, der mich trägt,
Von meiner eignen Spur schon geprägt.
Und die gute Erde folgt meinem Lauf,
Folgt ihm bald sonnenwärts hinauf.

Von dem fernen Wind berührt,
Der auf Erden niemals stillsteht,
Über ihre Grenzen zieht,
Wie es mit mir selbst geschieht,
Ahne ich, wohin der Weg mit mir geht.

Friedlich sitzen wir im Kreis
An des jüngsten Tages Abend
Und erzählen von der Fahrt,
Um die Sonne selbst geschart,
Dunkelheit in ihr begrabend.

*

Metaphysische Bitterkeit

Vom Wein
Ernüchtert,
Vom bittren Wein
Von tausend Abendmahlen,
Suche, such ich, such ich Dich.

Vom Brot
Hungrig geworden,
Vom harten Brot
Von tausend Abendmahlen,
Suche, such ich, such ich Dich.

Hungrig nach dem Brot,
Durstig nach dem Wein,
Die ich nie gekostet,
Über den Menschen
Verbittert,
Verbittert
Über Gott –

Eben noch matt den Engel gegrüßt –,

Verfluche – nein! –
Suche, such ich, such ich Dich.

*

Dickkopf

Immer wieder, immer weiter ...
Irgendwann muss sie doch erreichbar sein
Des Horizonts Wand!
Die allerletzte, gegen die er noch
Den Kopf rammen will,
Um weitstirnig zu werden.

Aber das trotzige, goldene Horn
Wird sich einst innwärts wenden,
Bis es das Herz durchbohrt.

*

Zwergnase

Früher war alles so groß,
Auch ich selber als Staunender.
So groß!

Mein Zimmer, mein Haus,
Meine Straße, meine Stadt:

So viel gab's zu entdecken,
Solang das Staunen größer war!

Doch ach, ich wurde kleiner,
Je mehr ich den Erwachsenen glich.
So klein!

Jetzt passt mir beinah schon
Ihre kleine und kleinliche Welt.

Erst tat sie mir weh, doch ich mein,
Sie drückt mich kaum noch.

Meine Nase steck ich nicht mehr
In fremde Angelegenheiten.
O nein!

Ich kenne für das Große
Keine großen Worte mehr.

Hab vergessen, was sie bedeuten:
Sonne, Mond und Sterne ...

Mir ferner denn je.

*

Bekehrung

Verlassen ist er,
Der Engelkäfig.
Falsch war der Glaube,
Die Himmlischen
Würden für mich
Endlich einmal singen
In Gefangenschaft.
Geöffnet hab ich
Eigenhändig
Das starre Gitter
Meiner Brust,
Will fortan leben
In den Geweiteten.

*

Frage des Gebets

Faltend die Tage und Nächte
Zum letzten Gebet ...

Wo Zeit und Raum
In Eins
Zusammenfallen,
Was fände noch
Zum Widerhallen
Wessen Schmerz?

***

II. AUF AUGENTIEFE.
Gedichte über die Liebe

Auf Augentiefe

... jetzt sind wir erst auf gleicher Augentiefe,
Die Blicke schreiben unsichtbare Briefe
Auf das Gedankenblank des Gegenübers,
Den Sinn, der sonst auf andern Blättern steht,
Den Sehnsuchtswunsch des ewigen Hinübers,
Die Wahrheit, die kein Rechensatz verrät.

Vielleicht fällt, was uns bleibt, durch alle Siebe
Der Zeit und was wir fühlten, war nicht Liebe,
Auch wenn wir's fest und fester dafür hielten,
Und bliebe doch – auch selten – ein Gefühl,
In das die stillen Blicke forschend zielten,
Entstanden nicht aus nüchternem Kalkül.

Doch noch sind unsre Augen wie Magneten,
Die sich aus Fernen zueinander beten,
Und sie verstehn sich dort, wo die Gedichte
Sich jenseits aller Silben reimen ... schweig!

Nur für andere haben wir
Nur Worte übrig –
Für uns allein Liebe
Auf den ersten,
Immer tieferen Blick.

*

96

St. Martin

Ich würde weiter gehen als er,
Nicht hinschielend auf Heiligkeit,
Sondern schauend nur auf Dich.
Er teilte seinen Mantel mit dem Frierenden.

Ich würde weiter gehen als er
Und meine Haut mit Dir teilen.
Ich wüsste keinen andern Weg,
Um wirklich ganz und gar
Mitfühlend zu werden.

*

Himmelsbegräbnis

In den Wolken
Will ich Dich begraben,
Wenn Du gestorben bist.
Undenkbar,
Tanzendes Glück,
Du könntest je ruhen
Ohne Bewegung.

Nur fürcht ich
Schon jetzt
Die schmerzhaften Pfeile,
Die mich fortan treffen werden,
Immer wenn es regnet.

*

Faszination des Augenblicks

Deine Augen sind
Bienenaugen,
Je gespalten in tausend Facetten,
Vielleicht noch eine mehr,
Doch aus jeder dringt und trifft,
Womöglich nicht nur mich,
Ein anderer Ausdruck des Blicks.

Du verunsicherst mich.

Denn Deine Augen sind
Bernsteinaugen,
Beide honiggelb, versteinertes Harz,
Das in sich, jahrmillionenalt,
Je bewahrt ein gelb und schwarz gestreiftes
Stacheltragendes Insekt.

Wundert es Dich da, dass ich mich
Von Deinen Blicken
Tausendfach
Und bestimmt nicht einmal weniger
Berührt, oft genug auch verletzt,
Doch immer wieder
Fasziniert fühle?

*

Pontifex

Meine Unfehlbarkeit
Verlor ich,
Als ich Dich zu lieben begann.

Denn seither bin ich dazu verdammt,
Zu tun, was ich am wenigsten beherrsche:
Brücken zu bauen
Zu Dir.

*

Verwicklung

Nornentochter!
Nackt nun stehst Du vor mir.

Wisse!
Nie wirst Du Dir
Aus meiner verwickelten Seele
Ein Kleid stricken können,
Das Deiner Eitelkeit passt.

*

Lider aus Glas

Mein Wachen täuscht,
Denn niemand ahnt,
Dass ich Dich träum,
Verborgen hinter Lidern
Aus durchsichtigem Glas.

*

Jahreszeiten

Endlich
Einmal
Nicht stehen zu bleiben, nahm ich mir vor,
Als ich Dein Haus von weitem sah,
Doch als ich einen Blick bloß
Vorübergehend in Deinen Garten dachte,
Sah ich den Bäumen, die dort wuchsen, an,
Dass sie immer noch einsame, stumme Schmerzen litten,
Seitdem unsere Jahre Trauerringe trugen,
Glaubte fast, sie wären die einzigen Gewächse dieser
Welt,
Denen es so erging ...
Und ich öffnete das Tor und wusste,
Ich musste Gärtner werden,
Mich um sie kümmern,
Wieder
Einmal.

*

Liebesdiener

Meine Worte:
Grillengezirp,
Dich zu verlocken.

Doch taub ist nicht
Der Vogel,
Der schon aufsteigt.

An mir will er sich sättigen,
Um stark zu sein
Für sein Liebeslied.

Ich fliehe nicht vor ihm,
Denn seines ist schöner als meines.
Hör ihm aufmerksam zu:

Er singt nur für Dich!
Er durch mich
Und ich durch ihn –

Um der Liebe Willen,
Der wir uns beide opfern.

*

Antinous

„Geliebter",
Sang stumm der Kaiser
Im Schatten seiner Seele,
„Die Erde ist jetzt
Zu Deinem Grab geworden.
Nicht einmal, nein,
Tausende und abertausende Male,
Denn ungezählt ist, wie oft
Der spiegelgleiche Marmor Dich,
Noch verborgen,
In sich trägt."

*

Nachtvogel

Manchmal, zur Abendstunde,
Wenn ich die Tür verriegle,
Meine Kindheit auszusperren,
Die frierend ums Haus schleicht,
Flattert die Nacht als Vogel
Durch das halb geöffnete Fenster hinein
Und schaut mich schweigend an.
Ihre vorwurfsvollen Dunkelaugen fragen:

„Sind denn die Menschen
Schon, wenn sie als Säuglinge geboren werden,
Zu alt, um zu lieben?"

Mich dauert das arme, zerzauste Geschöpf,
Hungrig nach menschlicher Zuneigung.
Ich streichle ihm matt das Gefieder glatt:

„Verzeih mir!", bitte ich,
„Für heut kann ich Dir nichts weiter
Als ein Körnchen Hoffnung spenden.
Ich habe selber kaum mehr etwas."

Die Gabe nimmt es stumm entgegen
Und verlässt mich in die Unsichtbarkeit
Bis zu seinem nächsten Besuch.

Ein Tautropfen, rein,
Glänzt am Morgen
Auf dem Staub, draußen
Auf der Fensterbank.

*

Das Ewige in Dir

Das Ewige in Dir – ich kann's nicht fassen!
Ich dämmre noch in altgewordnen Stunden,
Die eigne Ohnmacht nur bekunden,

Denn alles, was ich greife, muss verwunden,
Ich blieb gern heil und Dir allein verbunden,
Doch: kann ich lieben ohne hassen?

Der Tag der Welt – er hat zu lang gedauert!
Nun kehr die Nacht der Seele ein, zu hasten
Gab's längst genug, drum will ich rasten.

Du nahst Dich mir, wenn dumpfe Sinne fasten,
Zehr ich Dich auf durch sattes Seelen-Tasten,
Darauf die Sehnsucht heimlich lauert.

Das Ewige in Dir – mich wird's erfassen!
Wo selbst die Tagessinne reifen
Und nach dem Nachtverborgnen greifen,

Da endet gültig ziellos weites Schweifen,
Die alte Schwäche, die wir von uns streifen.
Denn stark sein heißt nun: ...

fallen lassen.

*

Beschwörung

Um Dein Herz
Ragen Jerichos Mauern,
Von denen der rote Duft
Wilder Rosen verströmt;
Und meine Stimme
Singt mit sieben Posaunen
Ein beschwörendes Gebet –
Seit ungezählten Tagen schon
Und noch länger währenden Nächten.

Die edle Hure,
Die sich regt und räkelt
In der Unschuld Deines Herzens,
Ließe ich gern am Leben,
Ließe ihr stiller Verrat
Mich gnädig ein
In die knisternde Befriedung
Einer samtig-glühenden Umarmung.

Gerechter scheint sie mir
Und frei von tieferer Schuld,
Denn sie macht keine Unterschiede
Und bevorzugt
Immerhin nicht jenen,
Der sie weniger liebt.

*

Altersunterschied

Die Falten um Deine liebevollen Augen ...
Strahlenkränze um zwei Sonnen ...

Älter aber scheint mir das Blickende
Als das am Himmcl Scheinende.

*

Ausweglos

Die Blüte Deiner Schönheit
Wurzelt nicht auf dieser Erde,
Auf der ich, als ihr Verwachsener,
Bislang noch keinen Weg
Zur jener frei Schwebenden
Hinfinden konnte.

*

Verlust der Orientierung

Immer, wenn Du gegangen bist,
Wende ich meine Augen
Verzweifelt in die Sonne
Und gewöhne mich,
Mehrmals blinzelnd,
Nur schwer, zu schwer
An diese jähe Dunkelheit.

*

Retroödipal

Nicht lange könnt ich sein ohne Dich,
Stürbe ich jetzt, in dieser Umarmung –

Ich kehrte gewiss so schnell zu Dir zurück,
Dass ich als unser Kind geboren würde,

Das nicht erwarten kann, in leidenschaftlichem Hunger
Nach Dir seine Stimme zu verschreien!.

*

Bitte

Kalt ist Dein Herz,
Doch eines gewähr mir:
Hauch eisig mich an,
Bevor Du gehst.
Wenn meine Augen gefriern,
Vielleicht
Können sie Dein Bild
Dauerhaft halten.

*

Freiheit

Ich, von der mächtigen Sonne
Losgelöster Strahl, suche Dich ...

Wenn es sein muss,
Auch im Schatten
Des Untergangs.

*

Dichterehre

Schweigsam
Nennst Du mich,
Den Vielsagenden,
Bloß weil mein Stolz
Es mir verbietet,
Für Dich,
Die Einzigartige,
Dasselbe Wort
Zweimal
Zu gebrauchen.

*

Innige Zärtlichkeit

Und wenn ich Dich überall berührte,
Keine Stelle unliebkost verblieb,
Dann möcht ich Dich noch durchströmen
Wie Dein Blut, durch alle Adern wandern
Und jede Zelle einfühlend streicheln
An der Innenseide Deiner Haut.

*

Lautlos

Lautlos lag er in den Armen ihrer Lust,
Hörte die Nachtigall schweigsam werden schließlich
In der Umfesselung der Nacht,
Ihr Stöhnen steigend,
Erstickend, lieblos laut,

Gebunden, der Mensch, der geworfne,

Lautlos geflochten, das Band aus Erde und Himmel,
Dort, wo der Morgen als Schein fällt in die Welt,
Während die Lautlosen lauschen
Auf räumige Worte,
Von jenseits, schmerzlos laut,
Befreiende ...

*

Trommelfell

Meine Haut ist straffst gespannt
Über die Trommel Deiner Willkür.

Ohne Gleichmaß
Gepeitscht durch den Schlegel.

Doch bald ein Riss.
Ein entscheidender.
Und dann nur Stille ...

*

Adebar

Ach Adebar!
Kinder magst Du bringen,
Das glaub ich gern.
Doch warum hast Du mir
Noch keine Mutter
Für meinen Nachwuchs beschert?
Das Märchen, dass es Frauen gibt,
Bezweifle ich immer mehr.
Ich habe noch keine gefunden.

*

Erscheinung

Ich hab's erlebt, dass Himmelreiche dort auf Erden,
Wo Du vorübergehst, den Augen sichtbar werden.

Denn jenen, welche sonst in hohen Reichen wohnen,
Ist's Wunsch, sich mit so seltnem Anblick zu belohnen.

Auch Himmelswesen wolln in herrlichsten Gebärden
Zu gern den allerschönsten Augen sichtbar werden.

*

Höhlenbewohner

Soll ich Dir etwa danken für Deinen
Halb zufälligen Besuch?
Dafür, dass Du noch mal wissen möchtest,
Wie es mir ergeht, nach allem,
Was gewesen – ja: gewesen! – ist?

Du magst Dich bemühen oder nicht,
Meine Traurigkeit wird Dir,
Wenn Du sie überhaupt bemerkst,
Unverständlich bleiben.

Wenn Du es einrichten kannst, Schatz,
Aber nur, wenn es wirklich nicht
Die geringsten Umstände macht,
Komm doch noch einmal hier vorbei,
In ein paar Millionen Jahren,
Und dann bestaune stumpf
Stalagmiten und Stalaktiten!

*

Leidenschaft

So sehr brenne ich jetzt schon
Vor Leidenschaft,
Dass Dein rotes Meer,
In das ich mich gleich stürzen werde,
Verdampfen muss,
Noch bevor
Ich ertrunken bin.

*

Tanz

Immerzu tanz ich mit meinem Schatten
Durch die Räume meiner Einsamkeit,
Zwischen den Wänden,
Jenen unerwärmten,
Jenen unerweichten,
Denen niemals Ohren wachsen durften,
Um Deine Stimme zu vernehmen.

*

Rachevariation III
(Ein gealtertes Liebesgedicht)

Deine falsche Eifersucht,
Mein zur Furie werdendes
Unschuldslämmchen,
Trifft mich nie,
Verwandle ich mich doch
Jedes Mal in einen Baum
Und fange die zackigen Blitze,
Die Du nach mir schleuderst,
Behände mit meinen Ästen auf,
Nur um Dir meine Dir immer
Überlegene Herrlichkeit zu zeigen,
So dass Du eingestehen musst:
Kein Gehörnter trug je
Eine entzückendere Baumkrone
Als ICH.

*

Persona Ingrata

Du wärst so gern ein Kapitel
In des Dichters Biographie, die
Meinetwegen dumme,
Meinetwegen stolze,
Gewiss aber schwache Frau,
Die nicht stark genug war,
Seine Liebe zu erwidern,
Die Blech wählte, obwohl
Sie Gold hätte haben können.
Doch ich werde
Zu Deinen Lebzeiten noch
Schweigen wie ein Leichentuch
Breiten über Dich, auch in dem Sarg
Mühsam gezimmerter Worte
Deinen verschwiegenen
Und ach so verschwenderisch
Vergoldeten Namen,
Den mumifizierten, nicht retten ...

Und über die Zeiten
Wird niemand Dich mehr kennen,
Nicht wissen von Deinem
Fragwürdigen Ruhm,

Während ich mit dem Sonnengott
Über die Höhe des Tages
Und höher noch segle,
Und stolz herabblicke auf alle
Durch Kleinlichkeit fast unsichtbaren,
Von oben nicht unterscheidbaren Menschen,
Und auch Dich nicht mehr erkenne ...

So werde ich dahinsegeln ...
Als einsamster Mann über der Sonne.

*

Heile Nacht
(Ein Lied zum Weihnachtsabend)

Nun dämmre, gute Frau geheilter Nächte,
Als Einzige von allen die Gerechte.
Du musstest JESUS nicht zuerst gebären,
Ich durfte mich Dir nahen und darf nähren
Mein Hoffen mit Verheißung, längst erfüllter,
Dein Zehren mit Verzehrung, unverhüllter.
Du wurdest nie zur Heiligen erklärt
Und bist durch meine Heilung doch geehrt.
Wir wälzten uns für lange, kurze Weilen
Auf Edens Schwelle – der aus Bibelzeilen –,
Die wir um weniges sogar verrückten,
Indem wir uns in dunkler Zeit beglückten.
Es weichen die zu oft gewahrten Lügen
Vor dem, was andre ohne Wissen rügen.
Wenn ER ins Heute nochmal kommen sollte,
Dann glaub ich, dass ER es durch uns nur wollte.
Es ruhen SEINE Blicke voller Güte
Auf uns, die ER an SEINEM Fest behüte!
Nichts blutet mehr aus ungerächten Nächten,
Drum schlaf den Schlaf der einzigen Gerechten!

*

Umzug

Für keinen anderen Mensch
Baute ich je zuvor Türen und Tore
In meine verschlossene Seele,
Und öffnete sie sperrangelweit ...
Allein für Dich tat ich es,
Um Dich über die Schwelle
Zu Tragen – nach Hause.
Du aber spicktest nur einmal hinein,
Sagtest, es würde Dir hier
Zu sehr ziehen.

Und haust weiter
In Deiner stickigen Höhle,
Bei einem gewöhnlichen Mann –
Man vergäße ihn bald,
Hätte ich ihn nicht erwähnt –,
Und hast in Deinem Herzen
Doch heimlich das Bild
Eines anderen hängen,
Das schon dort war,
Bevor Du mich kanntest.

Nun willst Du umziehen,
Mit allem Inventar.
Willst wirklich umziehen,
Mit Tisch, mit Bett,
Mit Mann und verbrauchter Luft?
Und mit dem verborgenen Souvenir?
So geh und entzieh mir abermals
Deine so dringend benötigte Nähe!

Vielleicht erst,
Wenn wir gestorben sein
Und abermals umziehen werden,
Wirst Du verstehen und ermessen,
Was Du getan hast,
Und mich dann suchen
In jenem verwahrlosten Haus,
In meiner nutzlosen,
Von mir verlassenen Seele ...

Ich aber werde längst
Schon geflohen sein
Und über alle Berge
Weiter fliehen vor Dir,
In allen Welten,
In allen Leben einsam
Und unbehaust umherziehen
Als ruheloser, seelenloser Geist,
Um allein meine Liebe zu Dir
Bis zum letzten der Tage
Vor Dir und der Erinnerung
Zu bewahren.

Einsam magst Du Dich dann einrichten,
Wo Du hingehörst,
In meine Seele –
Doch ohne mich;
Magst vergeblich auf meine Rückkehr hoffend
Rührende Lichter anzünden und
Türen und Fenster offen stehen lassen.

Nur eine Bitte lass ich Dir schriftlich zurück:
Häng jenes verborgene Bild dort
Nicht und niemals auf ...
Dieser Nagel schmerzte mich
Selbst noch auf die Entfernung ...

*

117

Habseligkeit

Arm bin ich und selig,
Wie die Schrift die Armen nennt.

Denn nur an Dir,
Die ich nicht mal besitze,

Nur an Dir
Hab ich meine
Habseligkeit.

*

Zu Asche

Ich merkte kaum,
Dass ich Dich
Unter der Asche
Meiner zerfallenden Träume
Lebendig begrub,
Selbst bei Tage.

Vielleicht erst am letzten,
An dem Deiner Auferstehung,
Werden sie Dich wieder freigeben.
Dann magst Du so schön sein,
Wie Du nie geträumt worden bist!

*

Maskenball

Ich bin die Liebe!
Erkennst Du mich
Hinter den Masken,
Wenn ich Dich
Umwirble, umwerbe,
So wird Mitternacht
Die Stunde wahren Glücks.

Ich habe Dich
In den nackten Kleidern
Auf Deiner Haut
Ja längst durchschaut.

Doch wählst Du
Eine andere,
Werde ich fortan
Auf vielen Hochzeiten
Nur meine Traurigkeit
Zu Tode tanzen.

*

... gingen mir über ...

Dass meine hörig gewordenen Augen
So schmerzlich zerspringen mussten,
Als sie Dich sahen!

Jäh erstarrt zum reinen Glas der Seele,
Jäh erzitternd und gebrochen
Im höchsten Ton –

Im höchsten Ton der tiefsten Liebe.

*

Unersetzbar

Geh ich über die Erde,
Verbergen mir die Wolken nicht mehr,
Was ich nicht erreichen kann.
Ich könnte wohl verlernen,
Es zu vermissen ...

Und doch fühl ich mich einsam.
Der Wind, der um mich strömt –
Wie könnte er mir ersetzen
Das nie gefühlte
Streicheln Deiner Hand?

*

Schutzschild

Noch zittre ich
Vom Nachbeben
Der plötzlichen Berührung
Meiner mich zufällig streifenden Hand –
So gänzlich entwöhnt schon
Bin ich jeder.

Eine Rüstung sollte ich tragen,
Mich besser vor meinem eignen
Und fremdem Zugriff zu schützen!
Doch an mir wird selbst das Eisen fühlend.

Das beste Schild noch
Scheint mir ein Buch, das ich
Zwischen die Welt und mich
Schieben kann und endlich
Zwischen mich und die Einsamkeit.

*

Anders ausgedrückt

Einmal wird mich die Welt
Vollends in ein Tier verwandelt haben.

Selbst dann noch bliebe der Drang zu Dir
Und es müssten mir Hände wachsen,

Nur um Dir meine Zärtlichkeit zu zeigen.

*

Blamage

Auf die Leinwand meiner Haut
Malst Du mir immer bunte,
Fremde Gesichter – Masken –
Mit gar zu kräftigem Strich,
Der mich verneint.

Weniger Scham fühlte ich
Und weniger mich bloßgestellt
In schweigend roher Nacktheit.

*

Beschämung

Nie begegnete ich einer,
Die so unverschämt auftritt wie Du.

Wohl trägst Du Rot, das Rot der Scham
Auf Deinen hübschen Wangen, jedoch nur

Aus Eitelkeit.

*

Im Kampf

Im Kampf aller gegen alle,
Erschrak ich sehr, als sie nahte,
Und ließ sinken Schwert und Schild;
Denn eine Frau darf ein Mann nicht verwunden,
Auch wenn sie glänzende Rüstung trägt.

Geblendet glaubte ich mich,
Doch auch ihre wunderbösen Augen
Waren blind, blind im eigenen Licht,
Bemerkten nicht einmal, dass sie
Vorbeiläufig – wie bedauerlich! –
Mein Herz mit scharfem Blick streiften
Und es für jede andre Liebe töteten.

So grimmig, wie daraufhin
Wütete meine Klinge
Niemals zuvor.

*

Freudentage

Wie traurig macht die schönste Freude,
Die ich nicht mit Dir teilen darf.
Ich hör nicht jungen Winds Geharf
In alter Einsamkeit Gebäude,
Das um mich ist, wo ich auch daure
Und allen Freudentag vertraure.

*

Todessehnsucht

Entzückt, entzündet nur von Deinem Blick,
Gebündelt, hell, zu einem Strahlenstrauß,
So glüh ich in die dunkle Nacht hinaus,
Versende all mein Lebenslicht zu Dir
Als einer weißen Kerze warme Flamme.
Im Liebesfeuer sterben ist die Kunst!
Nur rasch, schon zieht herauf des Morgens Dunst!
Ich brenn Dir, Liebste, treu, ersehne mir,
Auch wenn ich mich damit zugleich verdamme,
Du löschtest mich vorm Tag des hohen Blaus
Samt meinem Sinn durch Deinen Atem aus,
Verhaucht, verbraucht in opferndem Geschick.

*

Veränderung

Zu Dir mein Engel, hohe Frau, klang mein Gebet:
„Steig hernieder aus den Höhen,
Senk Dich nieder durch die Böen.
Des Himmels!" – meist geschieht, was man so heiß er-
fleht.

Ich sehnte Dich erreichbar, scheu, Dich zu berührn.
Tiefer kamst Du, warst so lieb,
Doch der alte Abstand blieb.
Dein Blick stieß mich hinab, wo Schatten Hoffnung
schürn.

Erniedrigt muss ich weiter Dich, noch Hohe, rufen.
Mensch mit Schwächen bist Du jetzt.
Was bin ich, hierher versetzt?
Hör über mir den Klang von Tritten, Rädern, Hufen.

Welch Rätsel der Verehrung, Rätsel der Verkehrung!
Siehst Du mich im dunklen Grund,
Dringt zu Dir das Wort vom Mund?
Wir beide sind gefalln, doch Du bleibst mir Entbehrung

Und schenkst mir nur Verachtung, je nach Lust Beleh-
rung!

*

Wo ist die wahre Größe?

Das All in seinen Grenzen
Kommt mir manchmal zu klein vor,
Um meine Liebe zu Dir zu fassen.
Ich glaube dann, es könnte
Allein Dein Herz.

Platz genug wäre darin,
In der von Liebe zu mir
Gänzlich unerfüllten
Leere jenes unendlich
Kleinen Mikrokosmos.

Zuweilen leichter
Als die Liebe einer Frau
Könnte man Gottes Mund
Zum Quellen bringen,
Dass er All und Herz erfülle,
Scheinen seine mütterlichen Worte,
Die stummen Sterne,
Mir sagen zu wollen,

Doch trösten sie mich nicht mehr
Über die Kleinlichkeit des Liebens hinweg.

*

Ampel

Dein Kopf – er zeigt mir Rot,
Dein Zwischenbein – es zeigt mir Grün.
Dein Widerspruch hält mich nicht an.

Ich geh voran ...

Bis schon der Unfall unvermeidlich folgt
Auf der vermeintlich sicheren Seite

*

Hereinragend

Wie ist's Dein Lächeln, das mich traurig macht?
Als blühte noch der dritte Tag – die Toten! –,
Als blüht' er, wenn sie auferstehn zu früh.

Am Meer, wo Wellen windstill nicht verflachen,
Heult an das Aug aus jüngst Enterdetem,
Noch kaum vom Traum erwacht, den Spiegel-Mond.

Und gegen sich zerklirrend, als das Echo
Des Winters, tauchen sie des Sommers färbend
Das Bild verflossner Sonnen früh ins Strömen.

*

Entfallen

Nachdem alle haltlosen Sterne mich fallen ließen,
Lässt auch Du mich nun allein,
Schenkst all Dein Licht
Einem andern,
Einem Blinden.

Ich aber frage mich:
Warst auch Du mir
Vom ersten Augenblick an
Nicht mehr als das uralte Funkeln
Eines längst erloschenen,
Durch Vergangenheiten
Für mich unerreichbaren Sterns?

*

Ende und Anfang

An Dich will ich mich hin verschwenden,
Durch Dich hab ich so viel zu geben,
Weil alle Sinne in Dir enden,
Bist Du der Sinn in meinem Leben.

Die Blicke meiner Augen finden
In Deinen Augen ihr Zuhause,
Zufriedenheit wird mich nie binden,
Sie wolln Dich anschaun ohne Pause.

Die Worte Deines Wundermundes,
Die alle sich auf Liebe reimen,
Verklingen nie, sind Grund des Grundes
Und ich bewahr sie im Geheimen.

Ja, Deine Reize öffnen Türen
In meine unerforschte Seele,
Die bis in heil'ge Räume führen,
Wo ich mich einmal nur vermähle.

Stell ich mir vor, Du wärst gestorben,
Erschien mir tot, was sonst noch wäre.
Nur Du, lebendig und umworben,
Wärst unter Engeln, ohne Schwere.

Ich lass es nie damit bewenden,
Uns neu einander zu verweben.
Weil alle Leben in Dir enden,
Bist Du das Leben aller Leben.

*

Händler

Sieh mir's nach,
Ein fahrender Händler war ich,
Bin's immer gewesen.
Hättest wissen müssen,
Auf was Du Dich einlässt.
Hättest glauben sollen,
Was ich Dir prophezeite:
Dass Du mich nicht halten wirst.

Ich habe Dich nur geheiratet,
Um mich heute scheiden zu lassen,
Denn nur erworbene Freiheit
Schmeckt süß.

Und unsere Kinder,
Auch die Vierbeinigen,
Versenk ich spornstreichs
Mit hämischer Freude,
Den Göttern entfesselter Winde zum Opfer,
Im verlassenen Hafen unserer Ehe.

Glaubst Du mir immer noch nicht?

*

Das Märchen vom Dichterkönig und seiner Muse
(Oder: Warum man überhaupt schreibt)

Es war einstzumal ein noch blutjunger Dichter,
Der liebte ein Mädchen gar sehr.
Wann immer es lachte, da wurde er fröhlich
Allein das zu zeigen, es fiel ihm recht schwer.

„O wär ich ein König!", so sprach er voll Sorgen,
„Ich baute ihm schleunigst ein Schloss
Und gäbe ihm hin, was sein Herz nur begehrte!",
Da *sein* Herz vor Glück und vor Dank überfloss.

„Ich will es so gerne so ganz glücklich machen,
Nur bin ich kein König, ach nein,
Doch kann es als Muse den Geist mir beflügeln,
Phantastischer könnt gar kein Mädchen je sein."

So schrieb er von da an bei Sonn- und bei Mondlicht
Ihm zigtausend Heftseiten voll.
Es gab seinem Schreiben den Sinn und so wuchsen
Die Werke schon bald auf Zick-Zack-Tausend-Zoll.

Den Eifer, den konnte man schwerlich begreifen,
Es schüttelten manche den Kopf.
Und vorsichtig sprach selbst die Nachsicht aus ihnen:
„So fasse Dich, Musenfreund, endlich beim Schopf!"

Doch stapelten sich seine Schriften noch höher.
Da lud er es ein: „Komm zu mir!"
Dort stand – seinen Augen vermocht's kaum zu trauen –
Ein Schloss, rings beschriftet, aus feinstem Papier.

*

Wunschbrunnen

Immer wollten wir wiederkehren
Und nie vergaßen wir,
Eine Münze zu werfen
In den Brunnen unserer Wünsche.

Doch so sehr wir Vielgereisten
Ihn, unseren Mythos, heute suchen –
Wir finden ihn nicht mehr.
Vielleicht dürfen wir es nicht,
Weil wir, für ein nächstes Mal
Kein Geld und, schlimmer noch,
Keine Wünsche mehr besitzen?

Arm sind wir geworden,
Und fänden wir ihn auch wieder –
Würdest Du denn für uns
Nach einer Münze tauchen?

Und wozu?

*

Verarmter Rosenkavalier

Unter einem Holzspalier,
Auf einer Bank, so sitz ich hier,
Die Zeitung vor mir auf dem Schoße.

Ein Liebesgruß, er stünd dort glatt,
Besäß ich ein paar Groschen noch,
So könnst Du ihn jetzt lesen, doch
Stattdessen falte ich das Blatt
Zu einer Knitter-Rose.

Fühl mich als Rosenkavalier
Mit einer Rose aus Papier.

Den Duft bloß musst Dir eben träumen!

*

Alptraum

Mein Herz es ist ein scheuer,
Berührst Du's, tut's Dir stachlig weh.
So sicher wehrt kein Eisenriegel
Den Zugriff wie mein Igel je.

Nur manchmal stiehlt der Igel schüchtern
Bei Nacht zu Dir sich aus dem Haus.
Wir schlafen, jedoch wach und nüchtern
Geht Schritt um Schritt er gradeaus.

Er hört zuletzt nur Räder rollen,
Rollt selbst sich ein zum Schutz, jedoch,
Ich fahre auf und fühl sein Grollen –
Mein Herz klagt noch in seinem Loch.

*

Das Grün des Winters
(Für die „Baumgartenfee")

Ich friere, fast fühle ich's nicht,
Doch wächst nicht das Grün des Winters
Im Grund Deiner milden Augen?
Sie lassen es niemals werden,
Dass Lebendes frostig erstarrt.
Ach, schau mich noch einmal so an,
Bevor ich durch Wüsten wandre,
Wo flimmernde Luft nicht tröstet
Und nichts weiter wächst außer Dünen
Im Sand sich auftürmenden Schnees,
Der Seufzer von Lippen sich fängt,
Und jenen so trotzigen Stacheln
Des durstmüden Kakteenblicks.

*

Richtung des Bereuens

Mit jedem Schritt,
Den ich seit jenem Tag gehe,
Trage ich sie auf Händen.

Aber meine liebste Phantasie,
Die ich dabei insgeheim hege,
Kennt sie immer noch nicht.

Heutzutage würde ich sie zu gerne
Rückwärts über die Schwelle
Unseres Hauses zu tragen.

*

Geteilte Liebe

Nie teilte jemand Liebe so zu zweit,
Nie teilte jemand Liebe, so wie sie,
Brach beiderhand entzwei felsenfeste Liebe.

Von vorigen Verlobten brachen sie
Entzwei die Blumen, die geschenkten, zärtlich,
Teilgewordne Liebe denken – dies nur wollten sie.

Sie brachen sie entzwei, die frühre Gabe,
So reichten sie das Alte sich und hielten
Die Treue sich, ins Ohr geflüstert süße Worte.

Zweifel, Bedenken, Sorge
Brachen sie.

Sie brachen
Die Liebe
Mitten
Entzwei.

*

Hörig

Meine Worte klingen Dir zu spröde?
Häng Dir doch seine an die Ohren,
An denen jedes schmeichelnde Juwel spricht,
Dass keine es schöner schmücken könnte,
Und bald wirst Du ihm immer hörig sein!

*

Freude der Schneekönigin

Gehst Du, Schöne,
Durch den Winter,
Will selbst der schlummernde Schnee
Dich noch erfreuen
Und belebt sich,
Aus sich selbst heraus
Blüte nach Blüte –
Eisblumengebeete – bildend,
Um vor Dir,
Seiner Sonne,
Seiner Königin
Dahin zu schmelzen.

*

Herzschmerzen

Vorsorglich,
Den rechten Augenblick
Ja nicht zu verpassen,
Lauer ich mit geschliffner Axt
Fingerbreit über der Erde.
Kein gefühlloser Baum
Wird sich jemals mehr
Vor mir erheben dürfen.

Ich will nicht mehr die Lügen
Der rindgeritzten Herzen sehen.

Kann noch viel weniger ertragen,
Dass sie einmal wahr gewesen sind.

*

Goldgräber

Sag nicht,
Deine Traurigkeit
Mache mich freudenarm.

Ich war der Erste,
Der in deinem Gesicht
Eine verborgene Goldmiene
Entdeckte, und liebe auch
Das schwarz quellende Gold.

*

Sterntaler

Alles hast Du ihnen hergegeben,
Selbst Dein letztes Hemdchen
Nicht auf Deinem Körper gelassen.

Schenktest ihnen auch noch
Deinen hübschen Körper,
Von Kopf bis Fuß.

Jeder nahm sich, was er wollte.
Zuletzt verblieb Dir nur Dein Herz,
Das keiner haben will.

*

Orakelstimmung

Nenn ich andrer Frauen Namen,
So streiten, die ich frage,
Oder schweigen.

Nur bei Nennung Deines Namens
Sprechen die Orakel
Alle mit einer Stimme.

Was aber hilft es,
Solange Du, Zweifellose,
Für mich und sie taub bist?

*

Selbstächtung

Deine Lügen hast Du
Über Jahre hinweg
Mit glühendem Eisen
Eingeschrieben in meine
Ehrliche Haut.

Am meisten, glaub ich,
Verachtet mich,
Den Gebrandmarkten,
Jedoch mein Spiegel.

*

Lieblosigkeit macht blind

Erschreckend,
Dass die Frauen,
Die meine Liebe nicht erwidern,
Unsichtbar für mich werden.

Zwar: ich bin das Licht.

Doch trifft es nicht auf jemand,
Der es erwidert und zurückstrahlt,
Verschwendet es sich einsam bloß
In dunklen Räumen,
Vertreibt die Blindheit
Nicht.

*

Fremdsprache

Worte für meine Liebe
Habe ich nicht.
Meine einzige Sprache
Ist die Welt,
Die ich Dir zeige,
Um sie Dich
Mit meinen Augen
Sehen zu lehren.

*

Liebesgläubig

Ich weiß nicht, was ich fühle,
Sag mir, ob's Liebe ist?
Und sag mir auch, ob Liebe
Sich manchmal selbst vergisst?
Vielleicht kann ich Dir glauben,
Wenn Liebe gläubig ist?

*

Morgengruß an Herzkind,
zurückkehrend aus spanischen Träumen ...

Wann immer ich erwache,
Erwachse ich für Dich
Aus neuem Aufbläulicht
Zu treuen Tagestaten –

Und lass mich ganz durchdringen
Vom milden Morgenlicht,
Dass nicht, tret ich vor Dich,
Auf Deine Seele Schatten fällt.

*

Je mehr ich esse
Von Deinem Mehl,
Deinem sauren Brot,
Ich, einstiges Raubtier,
Um so satt, satter
Wirst Du.

Alles schluck ich
Hinunter, den Ekel,
Die Wut, stopfe mir
Selbst das Maul,
Schlinge und schlinge
Und will es nicht.

Verfüttere mich
An Deine Blicke,
Werde aufgezehrt
Von ihrem Hunger
Nach Macht.

Zwar könnte ich
Dich darben lassen –
Das ist *meine* Macht.

Aber ungestillt
Bleibt mein Hunger
Nach dem Geschmack
Der Unabhängigkeit.

Ein schwacher Trost:
Der Mensch stirbt nicht
Vom Brot allein.

*

Proteische Liebesmagie

Als Meister der Magie mich selbst erachtend,
Kam mir nie Zweifel an der eignen Macht.
Die Anzahl meiner Taten gern betrachtend,
Bewies ich mir, was ich als Mann vollbracht.

Nur Du flohst allen magischen Gewalten.
„So geh nicht fort!", rief ich Dir hilflos nach.
Mit keinem Spruch konnt ich Dich, Mädchen, halten,
Bis selbst mein ausstaffierter Hochmut brach.

Doch Du kamst wieder, hast mich auserlesen,
Ich wähne, wie mich Stolz schon übermannt,
Ich hätt Dein flüchtig-wildversprungnes Wesen
Mit meinem starken Zauberstab gebannt.

Doch jäh zerstäubt die Eitelkeit in Staunen.
Du hast der Hexen größre Zaubermacht,
Verwandelst Dich und mich aus kühnen Launen
In schillernde Gestalten junger Nacht!

Als Schlange um mich Lebensbaum Dich windend,
Geschmeidig, fühl ich meine Lust zerfließen,
Gemeinsam, meiner strömend sich verbindend,
In hergewunschne Formen sich ergießen.

Spür eben ich noch glänzend blanke Schuppen,
Wird daraus fellverhülltes Muskelspiel.
Ich zähm Dich, Löwin, mit den Fingerkuppen,
Der ich, wehrlose Beute, gut gefiel.

Rasch trägst Du mich mit jungen Adlerschwingen
In Schwindelhöhen, die ich nie geglaubt,
So schnell, wie die Gestaltenwechsel springen,
Gleich der Besinnung ohnmachtsnah beraubt.

Wir haben die Verwandlung angefangen,
Bevor der Morgen vor der Haustür kehrt,
Sind tausend Körper wie im Spiel durchgangen
Und haben keines Ausdrucks uns verwehrt.

Jetzt endlich schläfst Du still und ohne Regung
In Deinem eignen Körper dicht bei mir,
Ermattet bleibt zurück nur die Bewegung
Des Atemgangs, in dem ich mich verlier.

Und wieder staun ich still: Dir ist's gelungen,
Dass noch ein größres Wunder sich erweist,
Das Höchste, unsichtbar dem Herz entsprungen,
Das man als Dichter mit Vergleichen preist,

Verkörpert sich in Deinem Leib soeben,
Ein Heiliges, das greifbar bei mir weilt.
In Dir tritt's rein und gleichnislos ins Leben
Und bleibt in tausend Formen unzerteilt –

Die Liebe, welche kranke Sinne heilt.

*

So nah

Bist mir zu nah – so nah
Wie mein eigenes Herz.

Auch das kann ich,
Solange ich lebe,
Nicht berühren.

*

141

Mein Lebensfaden

Verwirrt mein Lebensfaden,
Fadenscheinig,
Zur Unkenntlichkeit versponnen,
Doch anschaulich klar,
Je mehr er sich streckt,
Ausgespannt zwischen
Den zwei großen Sehnsuchten,
Die in mir weben:
Der unendlichen Sehnsucht,
Endlich aufzubrechen.
Der unendlichen Sehnsucht,
Endlich anzukommen.
Bei Dir –
Wo immer das sein mag.

*

Octopus

Mit meinen Tentakeln
Spür ich Dir nach
Durch die flüssige Dunkelheit,
Um mich an Dir festzusaugen,
Doch nur für eine Weile.

Denn Du sollst mir keine
Gewöhnliche Beute sein.

Mit meiner sprühenden Tinte
Will ich Dich bloß beschreiben,
Ohne Dich zu beflecken,
Viele unermüdliche,
Unbeholfene Male.

Will Dich umfangen
Mit den verschlungenen,
Doch Dich nie verschlingenden
Sätzen meiner Gedichte,

Um Dich dann,
Nach acht Tagen und Nächtcn,
Wieder freizugeben.

*

Kreuzigung

Ich bin gekreuzigt, fest an Deinen Leib
In Lust und Leid, wie Du's bist an den meinen,
Denn unsre Taten schlugen Nägel ein,
Die uns im Erdenschicksal fest vereinen.

Wann werden wir mit Lust und Leid vergehen,
Als Eines aus Geteiltem auferstehen?

*

Mysterium
(Geträumte Verse)

Mein Name ist nicht mehr als eine Deutung,
Ein Silberanklang einer Glockenläutung,
Entströmt oft achtlos eines Menschen Mündung
Und mein Geheimnis wartet auf Ergründung.
Doch was mir widerfährt wird mir zur Mahnung:
Man liebt nicht mehr auf eine Ahnung
Hin ...

*

143

Abendgarderobe

Ich schmeiß Dir zum Abschied
Noch einmal zärtlich Diamanten zu.
Ich weiß, Du liebst
Die äußeren Werte,
Du Dame von Welt,
Die sich für mich schämen muss.

Ach bitte, bitte trag sie,
Zu unserm letzten Rendezvous,
Heute Abend, tanzend im Zug
Der über mich hinweg rollt.

Sieh her:
Mein Tod steht Dir am besten;
Und sie passen gut dazu.

*

Phantomschmerz

Sie:

Längst schon
Von seiner Seite
Gerissen;

Nur noch
Ein Gewesenes,
Eine Hohlform,
Die weh tut.

Keine gedoppelte
Doppelkammer
Der Herzen mehr
Und doch –

Ein Schmerz für Zwei.

*

Nächstenliebe

Ich brauche die Nächste, die frei mit mir spricht,
Mit atmenden Augen, herzweitem Gesicht,
Denn halb bleibt ja alles, was wir auch erkennen,
Solang wir uns nicht das Ergänzende nennen.

Ein Wort aus zwei Silben sind wir.

*

Bist Du es?

Musik spielt auf, durchdröhnend,
Ein helles Licht fällt durch die Pforte –
Da soll sie kommen, meine Braut!
Es gleißen Blitzlichter auf,
Und auch ihr Kleid so weiß,
So blendend ...

Schritt für Schritt naht sie mir,
An ihres toten Vaters Hand,
Und wider hallt es sacht,
Leiser als mein Herzschlag.
Die Pforte schließt sich wieder.

Mit jedem Schritt ergraut
Der Lilienstoff; pechschwarz
Ist er, als sie vor mir steht,
Unvertraute Schatten schau ich
Auf einem fremden Gesicht,
Und ich frage Dich ...

*

Augenweide

Augenweide mein!
Lass meine Augen auf Dir weiden,
Bis beide sich um Dich beneiden!

Der Wiese Bunt prunkt öde nur,
Umrahmt von hoffnungsblödem Grün,
Das Weiß dort reizt mich keine Spur,
In einfaltsreichem Sich-Verblühn.
Vom Morgen- bis Abendgedämmer
Allüberall schweigende Lämmer!!!

Doch Schäferstündchen teil ich gern,
Mit Dir, Du meist geschwärztes Schaf.
Denn Du allein weckst mein Begehrn,
Versprichst ihm den zufriednen Schlaf.
Ich will meine Blicke nicht zügeln,
Lass wandern sie auf Deinen Hügeln ...

Um in Dein Fell sich einzukuscheln,
Worunter sie die Wölfin muten,
Zu hörn wär nur ein leises Tuscheln
Und manches Mal ...

Ach, Augenweide mein,
Lass mich bei Tag mit festem Stab Dein Hüter sein!
Und in der Nacht – was fällt Dir ein?

*

Übergreifend

In der Liebe nur
Wachse ich groß,
Bis ich alle Menschen
Zu umfassen wähne.

Dann lebe ich
In all ihren Umarmungen,
In all ihren Berührungen,
Und meine zu ahnen:

Im Paradies gibt es,
Auch unter vielen,
Immer nur ein einziges Paar.

*

Konversation

Immer wieder mal wechsle ich gern
Ein paar lustige Worte mit Dir.
Denn Du bist keine Partnerin,
Die meine mal weichen, mal harten Bälle
Bloß zurückspielt wie eine dumme Wand.

Doch am liebsten schau ich dabei
Auf Deine Lippen, die ich küsste,
Auch wenn der Tod selbst sie trüge –
Denn ich mag ihr pathetisches Rot ...

O, wenn Du nur wüsstest!
Wenn Du nur wüsstest!

Auch meine Worte sind gemeinte Küsse!
Fühl es ... wenn Du sie in Deinen Mund nimmst
Und selbst durch Deine Lippen flattern lässt!

*

Himmelsleiter

... und nun stoß hinab
Die Leiter mit den
Klingenden Sprossen,
Fort von unserer siebten Wolke,
Von unten erkennbar
Nur durch rosarote Brillen.
Stoß sie hinab, die Himmelsleiter,
Damit wir niemals
In Versuchung kommen,
Zurückzukehren
Und die Menschen
Wenigstens hoffen dürfen,
Sie könnten unser Glück
Jemals erreichen

*

Lied für die Tochter des Lebens
(Songtext)

Tochter des Lebens,
Das ich verlor,
Erbin des Reiches,
Rufst mich hervor
Aus Stunden, die
Verzweifeln an der Zeit.
Aus Dir strahlt hell
Des Herzens Freundlichkeit.
Stillst all mein Hadern.
In trockne Adern
Quillt heut
Neues Leben.

Und Deine Augen
Lehren mich sehen.
Wo Du stehst, schau ich Dich als
Die Schönste der Feen.
Ich atme seit
Dein Atem mich umhüllt.
Mein Herz, es liebt,
Weil's Dein Wort erfüllt.
Schütz meine Wunden,
Lass sie gesunden
Und lass
Mich Dir danken.

*

Liebeslied
(Frei nach Rumpelstilzchen)

Ach, wie gut, dass niemand weiß,
Wie denn mein Feinsliebchen heißt!
Will schier die Sehnsucht mich verzehrn –
Ich hab's nun mal zum Fressen gern –,

Dann trink ich meinen Jasmintee
Und esse meinen Jasminreis,
Den ich mit aller Liebe würze,
In blauem Wams und grüner Schürze.

Ich denk, es macht ja keinen heiß,
Was ich so koch und niemand weiß.

*

Immer noch

Zu einem Stein
Hat Dein Druck mich gepresst,
Zu einem, der schmiegsam und
Ganz in Deiner Hand liegt.

Lang ist es her,
Doch immer noch
Könntest Du meine Wärme spüren.
Noch bin ich nicht
Für immer kalt geworden.

*

In diesem Leben noch
(Song-Text)

In diesem Leben noch
Soll es geschehn!
Das Morgen ist noch nicht vorbei.
Du scheinst mir grcifbar,
Doch nicht im Vorübergehn –
Wir handeln nicht frei.

Wie Winde streifen flüchtig nur
Sich unser beider Wege,
Du hältst nicht inne, Deine Spur
Verliert sich im Verwehn.

Magnetenkraft, sie zieht uns an,
Oft fehlt nur noch ein Schritt.
Wer wird ihn wagen, irgendwann?
Ein Blick – darf mehr nicht sein?

In diesem Leben noch
Besteht die Chance!
Ich bete täglich für uns zwei.
Wir treffen uns, jedoch
Wir handeln wie in Trance.
Stumm gehn wir vorbei.

Die Zeit rauscht wie ein Wasserfall
In bodenlose Tiefe.
Wir rufen uns im Traum, jeder Hall
Erstickt vor dem Tag.

Wie magisch ziehen wir uns an,
Oft fehlt nur noch ein Schritt.
Wer wird ihn wagen, irgendwann?
Ein Blick wird zum Beginn ...

*

Selbstversuch(ung)

Ein Forscher prüfte einst die Sprichwortswahrheit,
Dass Liebe alle Menschenherzen nähret,
Auch wenn sie manchmal gar zu schnell verjähret.
Im kühnen Selbstversuch fand er zur Klarheit.

Er ließ das Lieben, wurde dürr und mager.
Da traf er seine Traumfrau, selbstvergessen
Vermocht er nun vor Unglück nichts zu essen:
Denn *so* war er ihr leider gar zu hager!

So schrumpfte hin des Forschers Körperfülle,
Verging auch seiner Seele Erdenhülle.
Die Nachwelt hält ihn immer noch in Ehren,

Wer könnt ihm auch das höchste Lob verwehren:
Er war Beweis, dass Lieb nicht nur ernähret,
Nein, auch im schlimmsten Fall sich selbst verzehret.

Quod erat demonstrandum!

*

Nicht von dieser Welt

In Deiner Haut,
So blass, dass
Man meinen möchte,
Dein Blut sei farblos,
Um Deine ungezählten,
Unverjährten Wunden
Nicht zu verraten,
Wirkst Du doch
So grundverletzt
Und verletzbar.

152

Denn viele, zu viele
Sehnsuchtskranke
Taten Dir weh
Auf der Suche
Nach dem Geheimnis
Deiner Adern,
In denen Milch
Und Honig fließen,
Frau aus dem fernen
Gelobten Land.

*

Pulsar

... dann lag mein Ohr an Deiner Brust,
Ich hörte wie aus dunkler Lust
Den Rhythmus schlagen – wunderbar –
Und wähnte, dass dort Liebe war,
Wo sich das Leben stark erwies,
Indem es sich umfassen ließ,
Und glaubte fast, dass ich verspielt
Die Sonne in den Armen hielt.

Doch täuschte mich der samtne Klang
Ein weitres Mal, ein Mal zu lang.
Das Pulsen war in dieser Nacht
Kein Zeichen alter Liebesmacht.
Ja, gibt es nur noch, überall,
Solch falschen und verlognen Schall?
Ich weiß, was wirklich in Dir war –
Ein Sternenleichnam, ein Pulsar.

*

Jäger und Sammler

Und wieder versuch ich mühsam,
Die Sprache zu verlernen.
Das alte Netz meiner Worte zu lösen,
In dem ich Dich fangen wollte –
Und mich nur selbst verfing.
Verschweige auch Deine Gedanken,
Die Dir nicht unbewussten, die ich las.
Freier erscheinst Du mir schöner.
Schöner – ohne mich.
Endlich erlöst von mir –
Hoffe, es liegt in meiner Macht –,
Um mich von Dir zu erlösen.
Den, der sich von aller Sucht entbunden hat,
Zu hungern und zu haschen
Nach eines *Menschen* Liebe.

***

Persönliche Widmung für ....
[bitte beliebigen Namen eintragen
und die ausgewählte Variante ankreuzen]

( ) Für Dich allein, mein einzig Herz, hab ich
Den schönsten Vers geschrieben,
Zwing künftig alle Leser, sich in Dich
Unsterblich zu verlieben.

( ) Als Leser hat man seine Lieblingsautoren,
Doch da ich nun selbst Autor bin,
Bist Du unter allen allein auserkoren

Als Lieblingsleserin.

154

Der Verfasser

Björn Steiert wurde am 12.12.1980 in Lörrach geboren und absolvierte sein Studium (Germanistik/Philosophie) in Freiburg im Breisgau. Steiert schreibt seit seiner Kindheit sowohl Lyrik als auch Prosa. Dabei entstehen Texte ganz unterschiedlicher – teils nachdenklicher, teils humorvoller – Art. Im Literarischen sieht er sich dem Schriftsteller Michael Ende verwandt. Er schreibt eigene Lieder und ist als Vorstand zuständig für das Veranstaltungsprogramm des gemeinnützigen Vereins Kulturwerkstatt Dreiländereck.

Für Informationen siehe auch: www.bjoernsteiert.de
Kontaktmöglichkeit
Björn Steiert, PF 23 25, D-79513 Lörrach
(bitte Rückporto beilegen)
bjoern.steiert@gmx.de

Jeweils aktuelle Kontaktdaten sind der Homepage zu entnehmen.

Hinweis auf eine Publikation desselben Autors:

Björn Steiert:

„Das Blau das auf dem letzten Regenbogen reitet" – *Michael Benjamin Weber; Zeugnisse eines Lebens mit Mukoviszidose.*

(2. Aufl, Herbolzheim 2007, Centaurus-Verlag. ISBN 978-3-8255-0656-8)

Der Lörracher Michael Benjamin Weber starb mit 21 Jahren an der erblichen Krankheit Mukoviszidose. Der mit ihm befreundete Kommilitone Björn Steiert schildert in diesem reich illustrierten und dokumentierten Buch seine Biographie und insbesondere die letzten Lebensjahre, als er das Germanistik-Studium an der Universität Freiburg aufnahm und anfing, eigene Gedichte zu schreiben, die hier veröffentlicht sind. Mit einem von diesen – „Blau" – verbindet sich zugleich die Geschichte einer unglücklichen und zuletzt doch versöhnlichen Liebe, die auf der Nordseeinsel Amrum ihren Anfang nahm. In diesen Versen verschmelzen das Blau der Augen der geliebten Frau, das Blau des Meeres, das den Verfasser magisch anzieht, und das Blau des Himmels, der ihn erwartet. Detaillierte Tagebücher seiner Urlaube auf Amrum geben einen tieferen Einblick in seine Gedanken, Gefühle und zugleich in den Alltag eines Mukoviszidosekranken. Bei aller Tragik lesen sich weite Passagen dieses Buches sehr amüsant und hintergründig. Michael Benjamin Weber zeigt sich als humorvoller, lebensfroher Mensch mit Fähigkeit zur Selbstironie und zugleich als begeisterter Kinogänger, dessen hier mitveröffentlichte, fundierte Filmrezensionen zeigen, was ihn an dieser Welt so faszinierte.